U0539602

貓，與貓奴

從神話、歷史、科學及大眾文化，重新認識我們的靈性夥伴

約翰．拉許 JOHN A. RUSH——著

王惟芬——譯

CATS

KEEPERS OF THE SPIRIT WORLD

目次

前言

生活中有許多是我們的感官無法體驗的，儘管有些人的感官能力超越了已知的人類感官模式。貓和人類共享某些感官，但貓的感官更為敏銳細緻，非常適合牠們身為掠食者所需的技巧。貓還擁有我們不具備的能力，以及我們可能（或可能不）具備、但在貓身上被「開啟」的感官。

此外，可能還存在其他維度；量子力學中並沒有任何事物會限制其他維度或蟲洞等存在，這些都可能被貓——以及某些人類——所感知。我們正是將貓的這些身體能力和感官能力或特徵，詮釋為靈性，或稱為精神能力，在這些能力中有些是真的，有些可能只是人類的想像。事實上，從許多層面來看，貓就像是映照我們的一面鏡子——從牠們身上可以看到人性中的神祕與神奇、愛與虔誠，也能看到力量、復仇心和疏離感。為什麼貓與人之間看似總能互補呢？

現代人類和我們遙遠而古老的祖先皆與掠食動物有著深遠的歷史。我們所知的現代貓科動物，與可辨識的人類祖先約在兩千萬年到三千萬年前同時在地球上出現，這並非巧合。你曾經有過怕黑的時候嗎？對我們的遠古祖先來說，他們絕對有害怕黑暗的權利，因為大多數貓科動物都是夜間掠食者。讀者之後會發現，生物體會為了下一代的存續，而對自身的DNA進行編程和重新編程，而其中一項關鍵機制，就是來自強烈的壓力——例如，被捕食的恐懼。因此，這種恐懼早已深深銘刻在我們的基因之中。這並不是偶然或隨機發生的。回想一下，所有關於食人怪物的故事和神話，例如那些激發我們想像力的俄羅斯童話中的芭芭雅嘎（Baba Yaga），或是女巫莉莉絲（Lilith）——這兩者有時會被描繪為貓的形象。但對我們的祖先來說，這些怪物是真實存在的：掠食者（主要是貓科動物）會趁人睡覺時把你抓到地上或樹上。在接下來的幾頁我們會談到，這種印刻在基因上的恐懼感是一個起點，從這裡開始，我們可以理解人與貓之間的連結，以及牠們（和我們）的靈性本質。

我要感謝Inner Traditions出版社的工作人員為本書書稿所做的準備，也要感謝我的妻子凱蒂，她的觀察和見解讓這個寫作計畫得以實現。當然，我還要感謝我們的貓科動物朋友們，多年來牠們的陪伴和啟發，不僅讓我們深入了解貓咪的行為，也讓我們對人類行為有了新的體會。

第一章

臥貓藏虎

貓──是個謎。牠們獨樹一格，與其他動物截然不同。與狗、綿羊、山羊、牛、馬和任何其他馴養動物不同，牠們不是馱獸，也不會生產用於製作乳酪、優格的乳汁，不會下蛋；牠們不會嗅出毒品，肉也不能吃──至少在正常情況下的大多數文化中是如此（不過在後文我會提到一些例外）。那我們為什麼要養牠們呢？此外，我們（至少在我們家中）反而成了貓奴。我們像僕人一樣給牠們供餐，提供一個棲身之所，清理牠們的貓砂盆，替牠們梳毛，用吸塵器吸掉牠們脫落的大量貓毛，在牠們亂噴尿（這種情況很少見）和嘔吐（這種情況更常見）時進行清理，確保牠們得到想要的擁抱和愛，花大筆的錢帶牠們去看獸醫，而且我們對此甘之如飴，臉上帶著微笑，心裡唱著歌。要如何解釋人類這種看似非理性的行為，這可以追溯到我們最最古早的祖先。自從靈長類動物出現在地球上以來，貓和牠們的祖先也已經存在。我們一起演化，這段過程不僅產生了我們天性中的貓奴心態，也造就了牠們的靈性本質。

這本書是關於人類和貓的起源，透過回顧古老的過去，找出人貓之間深厚連結的由來，以及我們最終將靈性特徵賦予牠們的原因。讀者將會認識到，貓的靈性本質在許多方面其實反映著我們自身，這是一聲來自五千五百萬年前的回音。

貓的連結

我是一位生物人類學家和符號學家，多年前，當我嘗試理解我們的演化起源時，便開始對貓產生興趣——順帶一提，這方面的研究還處於相當粗略的狀態。造成這種情況的其中一個原因是缺乏數據，也就是骨骼化石數量稀少而且差異很大。我們對此的知識還有非常、非常大的缺口。我們對祖先關係的認識，在很大程度上僅是猜測，但這些內容卻經常在生物人類學教科書中被當作事實。我們建立起模型，在書籍和文章中呈現這些內容，好似為了達成某種承諾，然後逐漸就相信這些描述，這種認知通常是數十年如一日。我這樣說並不是對此的批評，而是承認我們的思想需要穩定性，或是說一個錨定點，這樣才能幫助我們解釋自身的經驗。迅速改變一個人的現實是很危險的，這樣做有可能會讓人陷入思覺失調（psychosis），也就是俗稱的精神病。因此，為了保護心理健康，我們深陷於自己創造的種種世界模型中。「科學」敘事一旦發表在知名書籍和期刊上，就很難將其放棄。「如此記載，如此行事。」

貓科動物是頂級掠食者，而我們的遠古祖先——他們出現於漸新世（Oligocene，三千四百萬年到兩千三百萬年前）和中新世（Miocene，二千三百萬年到六百萬年前）——在數百萬年間，一直都處於被捕食的這一端。晚近時期，約莫是在三百萬年到八十萬年前，人類祖先在非洲大陸的各地生活，並且擴散到非洲之外，這時我們與眾多肉食性動物和食腐動物（scavenger）之間的關係逐漸發生了變化。當水果、漿果和根莖類等我們的正常食物短缺時，我們學會如何在必要時撿拾大貓和其他掠食者留下的殘餘獵物；換言之，我們對這些動物虧欠甚多。現在，我和妻子被這些強大貓科動物的現代迷你版圍繞著，並展開對牠們行為模式的長期研究。

我們在照顧一個野貓社群，大約有十五隻以上的貓。牠們的活動範圍很廣，晚上也常有其他流浪貓前來拜訪。目前，大約有五隻野貓會經過我們的地盤，停留的時間長短不一。如果牠們被這個社群接受——通常是因為較為年輕、順從而且堅持不懈——就可以成為長期成員。我們多年前就開始誘捕野貓，所以現在很少有真正的小貓來到這片土地上。我們有一隻非常年輕的黑色長毛貓，牠與這群貓中的兩個惡霸史丁皮和提米的關係密切，似乎快要成功贏得牠們的喜愛。貓的年齡愈大，被社群接受的可能性就愈低，主要是因為牠們的獨立性——貓不像狗那樣會形成小群體——和支配性。

在家中，我們也允許九隻貓與我們共享家園。這種內外皆有貓的安排，讓我們得以與貓建立更親密的關係，並且觀察其行為。過去三十五年來，我們已經在貓身上辨識出人類祖先，例如蘇美人、埃及人以及北美和南美洲人所認定的靈性特徵。然而，讀者會驚訝地發現，貓本身並沒有受到人類崇拜，儘管古人認為牠們的某些特徵超凡脫俗，而且會將這些特徵與不同的神祇連結起來。不過，在繼續討論下去前，我需要定義本書中用來討論貓的術語。

敬拜、靈、靈性和神聖的定義

「靈性」（spiritual）一詞常被廣泛用於指稱人、事、物和地方，為了釐清我在談貓時這個詞所指涉的具體含義，我需要探討它和其他相關術語的各種用法。

首先，靈「spirit」可以作為一種實體存在，例如潛伏在黑暗中的神祇或惡魔。靈也可以是附身在人、地方或物品上的狀態，好比是被惡魔附身，或是像西藏寺廟或美國東北部原住民對樹木的信仰一樣。以塞內卡人（Seneca）為例，他們會尋找一棵樹，通常是椴木，在進行儀式祈禱時獻上菸草，然後在樹上雕刻出一張臉，藉此釋放當中的靈。然後會以藥物面具來捕捉樹靈，用於治療。這些面具有些非常相似，最大的區別在於嘴的形狀，因為他們相信特定的樹靈會透過嘴巴說話來治癒或詛咒人類。其中一些面具相當古老，而且面具愈舊，其蘊含的力量就愈多。這當中的道理很簡單，就好比在大多數情況下，隨著年齡增長也會愈發有智慧，當地人也將這種想法賦予在這類面具上。這些面具通常由薩滿或祭司保管。

他們相信超凡脫俗的靈性實體會以正面或負面的方式與人類互動。我們也使用「靈」這個詞來表示動物或人在生病、恍惚、瀕死和死亡時離開身體的生命力。這種「生命力」或「靈魂」離開身體的想法可能有其道理。據說薩滿能夠控制這種能量，讓自己的靈魂出竅飛行，不過這通常需要借助能夠改變心神狀態的致幻物質。

其次，「靈」也可以指一種態度或心理狀態，這時的意思比較接近精神，例如「精神好」或具有「聖誕精神」，在某些情況下，也暗示著被善良的實體所附身。

此外，在英文中，spirit這個單字也有烈酒之意，像是在酒品商店購買的惡魔蘭姆酒（demon rum）這類烈酒。這個單字之所以會和烈酒有關，是源於阿拉伯的煉金術士，他們在蒸餾過程中收集蒸氣時，將這些蒸氣視為正在加工或蒸餾材料所釋放出的「精華」或「靈氣」。

第三點，靈性（spiritual）這種特徵，與一個人的個性或靈魂有關，是人類以及其他動物的非物質層面。在英文中，會將宗教界的牧師、神父或僧侶稱作精神領袖（spiritual leader），他們會照顧我們非物質的精神部分，好比前文提到的「生命力」。另外還有所謂的「靈性音樂」（spiritual music），如在教會或復興佈道會（revival meeting，又譯培靈會）中演唱的福音歌曲，這都是為了吸引我們超凡脫俗的本性。音樂在許多宗教傳統中非常重要，因為它可以作為一個媒介，透過改變意識狀態——實際上是覺知或覺察（awareness）——讓人接觸到另一個世界。音樂的一個特徵是八度（octave），這是指上升或下降音調間的時間或空間。八度理論是一種奧祕的宇宙學，由前俄國神祕主義作曲家葛吉夫（G. I. Gurdjieff, 1973）和古埃及專家葛達拉（Gadalla, 2002, 2018）所傳授。該理論認為宇宙是建立在和諧平衡的基礎上，這與印度教的七個脈輪（chakras）、猶太教的卡巴拉（Kabala）、世界樹（World

Tree）或基督教的十字架所描述，圍繞著旋轉宇宙軸心（axis mundi）的宇宙概念相呼應——基本上，宇宙的所有祕密都透過泛音或諧波相互連結。

第四，靈性（spirituality）在某些方面類似於精神，會被概念化為一種人們能夠在自身、他人或宇宙中尋求的特質。靈性通常被認為是件好事，但「好事」的定義方式卻有很多種。例如，以神之名來殉道和謀殺他人，可能被視為一種將自身與更宏大事物連結的一種方式（Perlmutter 2004; Juergensmeyer 2003; Firestone 1999）。

神聖的（sacred）指的是與超凡脫俗事務相關的事物。與其相反的詞便是世俗的（secular）。然而，在我的定義中，神聖動物指的是那些被人認為具有超凡脫俗或人類所不具備特徵的動物；這並非表示該動物現在或曾經必然受到人的崇拜。與「神聖的」密切相關的一個詞是「神聖」（holy）。

我們經常用「崇拜」（worship）這個詞彙來描述人類與貓之間的關係，這需要進一步澄清。按照人類學家的定義，崇拜一詞包括有對神靈的懇求、乞求以及實際上的服侍。相對於猶太教中的耶和華（Yahweh）、基督教中的天父或耶和華以及伊斯蘭教的阿拉（Allah），人是祂們的奴隸，必須嚴格遵守祂們的指示——「否則，後果不堪設想！」這三位神祇不僅具有父親的形象，而且如我先前的書中所概述的，祂們也帶有惡魔般的性格（Rush 2023）。

至於多神教傳統中的神性認同（而不是奴役般的服侍），則完全是另一個議題。透過認同，你就能變得具備神性——與神合一。然而，在一神教傳統中，人永遠不可能成神。不過，當大多數研究人員提到「動物崇拜」時，他們實際上指的是對動物的認同，以及人類在感知到動物那些超凡脫俗行為或特徵時所展現的敬佩。讀者將會發現，按照上述的定義，真正出現動物崇拜的例子相當罕見。

「敬奉」（Veneration）則是與靈性相關的另一個術語，但這指的是對神靈乃至於貓和人類的尊重或奉獻。在本書中，我們將會不斷回顧這些術語，並繼續探討其他主題。

動物是自然的象徵，無論善惡

說話言談中，我們總喜愛用譬喻、打比方，而且經常會提到大自然。好比說「像牛一樣壯」，或是我們每個人都有自己的「高山要跨越」，這些說法當然不是字面上的意思。我們在描述周遭世界時，也會使用大自然的特徵，例如「玫瑰色的日落」。後來在英文中還出現了「燈亮了，但沒人在家」（the lights are on and no one's home）這類俚語，用來形容腦袋不太靈光或愚蠢的人，或是以「離鉛垂線有半個氣泡」（be half a bubble off plumb）來形容有點古怪或不正常的事物。這些比較現代的譬喻取材自都會城市生活，那是我們遙遠祖先未曾接觸過的各種晚近科技。要能夠做出這些類比，我們得先認識自然界的顏色、動物行為和複雜的科技，以這些經驗作為參考點，特別是當我們要與他人分享這些經驗時。

我們也會用動物來形容人，例如，「他這個鼠輩」、「他跟狗一樣」或「她就像隻貓」，凡此種種指涉的都是動物行為的某些特徵，有時甚至是昆蟲或植物的特點，好比「像隻小蟲一樣煩人」或是「跟蕪菁一樣愚蠢」（儘管在蕪菁自己的世界，它們可能很聰明）。這些都是描述個人經歷和講述生動故事的方法，它們有助於我們更清楚地分享自身經驗，因為這些都是普遍的參考點。

然而，「精神」、「靈」和「靈性」這些術語指的是不同層面的存在，它們可以是我們被擁有或附身的東西，或是來自另一個維度的力量，甚或是在靈魂出竅、瀕死乃至於死亡時某個能夠脫離身體，悠遊他處的特殊部位。它也是隱匿的，儘管我們知道它的存在。許多科學家和學者聲稱，除了我們所經歷的，或透過物質科學所能測量的之外，就不存在有任何其他。但也有許多人對此抱持懷疑，並體認到還有一些超乎我們可以測量的存在（Davies 1983, 2008; Grossinger 2022）。

大自然的力量，特別是對那些對遠古祖先來說，通常被視為超凡脫俗的，或是受到非人間力量所控制的，尤其是那些他們無法理解的現象。例如，為什麼會下雨，閃電從哪裡來以及動物的力量。當人們在描述經驗及其原因時，會將這種無知狀態轉化成所謂的神祕思維。人們之所以建構出這些敘事，是因為大腦其實不喜歡神祕，於是為了保護心理狀態，我們會用故事或神話來處理這些神祕難解的問題，甚至可以說，這種做法有助於我們的生存。

而這裡同樣會牽涉到崇拜，這與儀式過程和服從有關，或是指神聖存在透過其使者——諸如牧師、拉比或伊瑪目——所傳達的神諭。另一方面，如上文所述，則是神性認同、甚至成為神的概念。要展開崇拜（或敬拜），至少在我的定義中，人與神之間必須存在著一道無法跨越的障礙——你透過崇拜來尋求恩惠，這主要是為了滿足你的動物性需求（長壽安康、子孫後代，或是能夠維持這兩者的某種經濟保障）。

在早期的基督教崇拜中，教徒可以在認同之後與耶穌合一（與之交流）。至少根據我的分析和其他研究人員的結論，成為耶穌的體驗，是透過食用毒蠅傘蘑菇（*Amanita muscaria*）並搭配相關儀式時所獲得的。到了公元三二五年之後，這種體驗才轉變為一種宗教崇拜，這時耶穌必須成為一個真實的人，才能受苦，成為殉道者，並為世人的罪而死。因此，公元三二五年之後，人們不再能成為上帝或耶穌，而只能是信仰的追隨者或信徒（Rush 2022）。

在英文中，「神性」或「神聖的」、「神的」（divine）一詞經常被用來形容貓和其他動物（Ikram 2014）。作為形容詞，「神性」一詞可以用來形容神、一個地方，或是一個人或動物可能擁有的特徵。通常，寬容被認為是一種神性特徵。在大自然中感知到的美，也可能被認定為是神性的。然而，貓本身並非神聖的動物，但牠們確實具有可以將其歸類於此的特徵，例如咕嚕聲或敏銳的聽覺。對神廟祭司或那些必須防範蠍子和蛇的田野工作者來說，貓可以算是一種早期預警系統，具有守護的功能。問題是，如果貓是神聖的，那麼妖貓也是嗎？若是你認為怪物也算是超凡脫俗的，那麼對妖貓也是可以有一番神聖的見解，不過，除了撒旦教徒之外，恐怕大多數人都不會用這個詞來描述怪物。

回顧過去的文獻，許多人聲稱在不同文化中，特定動物曾受到崇拜，然而，真正的動物崇拜其實很少見，這些作者指出，這比較像是人們對動物特徵的認同。在我看來，崇拜一個奴役你的神祇（例如耶和華、天父或阿拉）並沒有什麼神聖或靈性的意義，反倒是對各種動物的認同，才能真正激發出我們的靈性本質。

第二章

貓的演化

關於演化過程更完整的討論，請參考我的著作《達爾文和道金斯不知道的事情》（*What Darwin and Dawkins Didn't Know*, 2020）和《內細胞選擇》（*Endocellular Selection*, 2021b）；關於貓的演化則是在《貓的故事：貓科動物的起源、互動與馴化》（*Cat Tales: Origins, Interactions, and Domestication of Felis catus*, 2021a）中有具體闡述。這裡要強調的是，達爾文關於演化過程和物種起源的觀點絕對是錯誤的。他的立場是，宇宙及其中的生命是隨機和偶然產生的，這種論調一直延續到今天。有人甚至說宇宙從無到有，然後隨機地自行組裝起來（Krauss 2013），但根據熱力學定律，分子不可能如克勞斯所推測的那樣自行組裝（Rush 2021b, 85-86）。假設生命是隨機產生的，達爾文和新達爾文主義者得以排除任何智慧宇宙和靈性概念；根據達爾文和其追隨者的說法，人們所經歷的一切，無論過去或現在，都可以透過數學、化學和古典物理學來研究和理解；他們對自己的立場充滿信心。

然而，有些科學家已經超越了達爾文，體認到唯物科學（materialistic science）無法解釋的很多事情。例如，大腦如何運作一直是一個謎。儘管大腦由粒子（化學物質、組織類型、液體）組成，但我們的思考是以波函數（waveforms）來進行。波從何而來，又是如何產生？我們可以測量它們，但卻不理解其成因。有趣的是，宇宙本身也是基於一種波函數，當生命體觀察、測量或經歷它時，這些波函數就會具象化。波函數如何具象化，取決於經驗到這些波函數的植物、昆蟲或動物的神經系統。那麼，作為宇宙的波函數的起源是什麼？沒有人知道，儘管一些物理學家和生物學家聲稱他們知道

（Krauss 2013; Dawkins 2019）。為了能擁有我們所稱的宇宙，在它出現前必定存在某種代碼或能量。據我所知，沒有人能夠證明負面結論，也就是說，沒有人能證明在宇宙起源之前沒有編碼。我將在第七章回到量子層面、波函數和靈性。

隨機突變與漫無目的的生命神話

至今仍有許多人恪守達爾文的觀點，將其奉為圭臬，其核心思想是：隨機突變（random mutations，偶然、意外、非系統性且無意地）產生了DNA和生命功能所需的多種化學物質和酶（或稱酵素），加上天擇（natural selection，淘汰不適者），再給予足夠的時間，就能夠產生新物種。簡而言之，隨機突變＋天擇＋時間＝新物種。然而，這個過程從未獲得達爾文主義者聲稱支持的物質主義模型（materialistic model）的驗證。我在此向科學界的任何人挑戰，請他們給我看看證據，證明這個模型在科學上已被證實是正確的。但目前我們所擁有的，只是關於結果的軼事陳述，而不是導致這些結果的原因。沒有任何科學——無論是數學、物理或化學——能夠告訴我們隨機事件如何創建出功能性編碼。

以下是我們透過科學方法真正得知的：隨機事件無法創建函數式編碼（簡稱函式代碼），或功能性編碼[1]。舉例來說，DNA就是一種潛在的功能性編碼。電腦程式設計師可以撰寫一個程式，來產生隨機數字或符號，看似是一種隨機代碼的生成方式。然而，在所有代碼系統中，我們尚未發現任何真正具有可用資訊的功能性編碼，是由純隨機過程產生的。這些系統之所以能運作，都是因為有智慧體（如研究人員）事先設計並干預了系統，也就是說，是他們創建了能「看似隨機地」產生代碼的程式結構。換句話說，一旦移除智慧體的介入，隨機事件本身便無法產生具功能性的編碼。這其中還有更多值得深入探討的面向。

事實上，即使要隨機創造一條非常小的功能性蛋白質（能夠正確摺疊並發揮某種功能的蛋白質），例如僅由五十個胺基酸構成的蛋白質（胺基酸是蛋白質的基本構件），所需的時間也將遠遠超過整個宇宙的年齡（Rush 2020）。一個蛋白質要發揮功能，就必須正確摺疊，這代表所有的胺基酸與核苷酸的排列必須像齒輪結構般精密對位，這麼一來便大幅提升了分子的複雜性。若無法正確摺疊，蛋白質將無法發揮生物功能，形同無用。這就好比將五十枚硬幣逐一拋向空中，要讓它們全部正面或全部反面朝上，要花多少時間？即使你一秒鐘拋一次，用盡一生，也幾乎不可能出現全正或全反的情況（儘管奇蹟確實有可能發生）。而實際情況遠比這更複雜，因為DNA的四種核苷酸——腺嘌呤（A）、鳥嘌呤（G）、胸腺嘧啶（T）、胞嘧啶（C）——都必須完全正確配對。你馬上就會發現，隨機事件的專一性不足，難以創造出一個能正常運作的系統。更何況，要製造出功能性蛋白質，還需要一套計畫和藍圖，這讓問題變得更加深遠。

在宇宙誕生之初，當溫度冷卻到足以形成有機化學物質（碳基）時，問題來了：為何會創造出一個功能性蛋白質？它的功能或目的會是什麼？要使編碼發揮作用，它必須與其他編碼組合成一個單元，而且這個單元必須是目標導向的。一個編碼要有用，就必須有其「任務」。那麼，這種導向或目的從何而來？可用的編碼不可能隨機產生，原因很簡單：它們需要方向或目的，而這需要智慧與設計。如前所述，一個有用的編碼必須是一個功能系統的一部分。「功能性」這個詞無法獨立於一個由多個部分組成的系統之外來定義，因為這通常涉及多種蛋白質（如酵素等），而不僅僅是一種蛋白質（Behe 1996, 2007）。生命系統若要世代存續，就必須自我複製，然而單一蛋白質無法自我複製。現代科學認為，DNA本身要是沒有其他酵素的幫助，也無法自我複製。但首先，當然得先建立一個功能性蛋白質，而隨機事件無法達到這一點。對於像細菌這樣複雜的系統（無法透過零碎、漸進的方式逐步建構），要在沒有設計介入的情況下，一次性地隨機產生有所有必要的功能性蛋白質，就算不是完全不可能，其可能性也微乎其微。為了證明自己的立場，達爾文主義者必須展示其中的目的性。你不

1 譯註：functional codes在電腦科學或資訊界，一般都翻為函數式編碼，但本章的討論以生物為主，故盡量保留「功能性」，比較符合生物學中所討論的有無功能性的編碼。

會無緣無故地製造一個擋泥板，除非你心中已經有了一台汽車。同樣的道理，如果沒有電話系統，那麼電話號碼也將毫無意義。是的，奇蹟確實可能會發生，但過去一百六十多年來，達爾文的理論或許反而阻礙了我們對物種起源的更多理解。我們其實有更好的方法可以來認識。

天擇的神話

接下來是天擇。簡言之，這就是適者生存（survival of the fittest）。也就是說，適應力最好的個體最有可能傳遞遺傳物質。這聽起來很有道理，直到我們反過來思考——適者生存，是指生存下來的便是適者。天擇說（Natural selection）是一個循環論證，毫無意義可言。存活下來的個體到底是最有適應力的？還是只是剛好很幸運？達爾文主義者所說的「適應」（fit）到底指的是什麼？「適應」從未以任何有意義的方式被定義過。此外，要是我們在這一點上相信達爾文主義者，那麼大自然的選擇也是偶然的。如果突變是隨機的，那麼天擇也必須是隨機的。如果演化完全是隨機的，那就永遠無法微調任何系統，例如用於精確投擲的肩關節，以及不僅用於行走而且還用於跑步的腳（即直立行走的腳部結構）。天擇不能挑選和選擇特定的性狀，也不能僅針對遺傳密碼的一個或多個特定部分。此外，大多數生物系統是以鑲嵌式（mosaic）方式演化。也就是說，如果沒有同時提供可以鎖定的膝關節和適合直立行走的腳（可能還要一條S形脊椎），那就不會出現像我們這樣的碗形骨盆。正如許多人類學家仍然秉持的想法，這些部分並不是獨立演化的。只要想想與直立行走（bipedalism）相關的複雜性，根據達爾文主義者的說法，這一切都是隨機出現的。但這是極不可能的，儘管奇蹟確實會發生──但你又要如何解釋這奇蹟？（順帶一提，碗形骨盆對於四足動物來說毫無用處。）

我們聽過一種說法，爆發的宇宙射線可能改變了我們祖先的遺傳密碼，進而產生了包括我們在內的新物種。這種說法，同樣聽起來也不無道理，直到你意識到任何這類的改動都是隨機的；而隨機突變是沒有專一性（specificity）可言的。事實上，這類突變若未被修復，通常會導致疾病和死亡。大多數隨機突變會導致生命退化。若是天擇真的選擇「適者」，為什麼還會有這麼多遺傳性疾病？我們不能將這一切都歸咎於污染和致癌物，因為許多遺傳疾病問題早在數千年前，甚至數百萬年前就已經出現。例如，大約在公元前三千五百年的「冰人」就發現有心臟病的遺傳傾向，而這種病症一般認為是與現代人飲食有關的問題（Geggel 2018）。如果天擇確實是適者生存的話，那在經過三十五億年後的我們，理當是完美的。依此邏輯，根本沒有必要再有進一步的演化。

對達爾文和他的追隨者來說，即使沒有科學證據，他們也對自己的立場充滿信心。這樣的信念，與那些相信神或某種能量創造了宇宙沒有什麼不同。這兩種立場都屬於形上學的範疇。我們必須超越達爾文和他的無神論追隨者。我想要問的是：相信某種不存在的事物是一種靈性行為嗎？

內細胞選擇：決策和有目標的演化

我們知道生命會改變或演化，但這種改變並不是朝向任何類型的完美狀態前進，因為根本無從得知「完美」是怎樣的狀態。細胞和有機體會預測下一代的環境條件，有目的地促使這些變化發生。有時細胞會出錯，畢竟它們無法預測未來，只能根據細胞在孕育和誕生後遭遇到的經歷來預測；它們也無法預見災難性事件。我們人類同樣無法預測未來，這正是我們會依賴各種占卜技術的一項原因。

大約在六千五百萬年前，恐龍滅絕，這導致了包括貓科動物和人類祖先在內的哺乳類動物繁衍壯大。這是怎麼發生的？根據過去二十年來的研究，細胞本身正在改變DNA[2]。這種情況尤其在懷孕期間更為明顯，因為細胞會對母體的壓力源（如寒冷、高溫、營養缺乏、恐懼反應、捕食者壓力和疾病）做出反應。這些壓力源影響的是群體，而不僅僅是單一個體。這些針對壓力的反應和所造成的基因改變，是生物體對即將到來的世界或分娩後狀況的預期。例如，若是母體在懷孕前三個月營養不良，細胞就會因預期食物供應不足而做出改變。然而，正如前文所提，細胞可能會出錯，例如預期食物供應不足，但卻遇到了豐富的食物環境。這可能導致過度放縱和第二型糖尿病（Rush 2020, 2021a, 2021b）。這可能發生在個體層級，也可能發生在群體層級。這種細胞行為，即改變遺傳密碼，被稱為表觀遺傳學（epigenetics），廣義上來說，內細胞選擇（endocellular selection）是有機體自身的演化。

簡單來說，貓，就跟人類和所有其他生命形式一樣，也會因應環境壓力而改變其ＤＮＡ。隨機突變肯定會發生，但在大多數情況下都會被修正；要是沒有修正，通常會導致嚴重程度不同的疾病。以你的身體為例，這是一個由細胞、組織和器官所組成的系統，當一個編碼遭到隨機改變（突變）時，會對其餘的細胞和組織產生級聯效應（cascading effect）。當你的細胞改變自身的ＤＮＡ時，通常也會改變讓身體正常運作所需的所有其他部分和途徑。等到醫學界有辦法掌控這部分時，我們或許將能真正地控制生死；不過要掌握這種能力，還需要等待多年的時間。

一旦我們開始考慮——或更確切地說，承認——細胞會思考和決策，並且據此改變其自身的遺傳編碼時，我們就會理解，當受到相同的壓力源（例如：掠食者、營養、寒冷、高溫）影響時，群體成員會如何改變相同的遺傳編碼序列——我們在「荷蘭飢餓冬季研究」（Dutch Hunger Winter studies, Rush 2020, 62-66）和大鼠研究（Marchlewicz et al. 2020, 7）中都觀察到這一點。那麼，這類可能提升未來適應力的改變，就是群體基因組的一部分了。因此，無論是哪些個體進行交配，或是否有單一個體在繁殖前就已經從「基因庫」（gene pool）中被移除，這些都無關緊要——編碼序列的變化會持續傳承下去。在這種情況下，外部壓力源（大自然）並沒有進行任何選汰，而且與適者生存法則也幾乎沒

2　作者註：有關最新研究的參考文獻，請參閱 Lieff 2020。

有關係；壓力源僅提供了細胞適應的可能性和逆境（Rush 2021b, 110）。

在這裡，同樣是生物體在改變其遺傳密碼；是有機體本身在進行選擇和適應，而不僅僅是受到大自然的擺布。達爾文主義之所以能在學術界屹立不搖，是出於政治原因。而一旦政治入侵科學，科學就不再可信，因為它不再客觀。我們已經學習達爾文一百六十多年了，但他的觀點一直沒有什麼成果。這是因為達爾文主義者無法解釋隨機突變或天擇如何產生新物種。說隨機突變導致新物種只是一種結果論，並沒有解釋如何隨機產生出遺傳編碼。達爾文主義是科學界和學術界有史以來建立並持續維護的最大騙局。

我們還需要談到共生（symbiosis）的過程，這是一種從細菌和病毒中獲取新遺傳訊息的方式，在探討新物種起源時極其重要（Rush 2020）。好比說，當病毒能繞過哺乳動物的免疫系統，並利用宿主的DNA進行自身複製，同時永久性地增加或修改宿主的遺傳編碼時，就算是發生了共生。貓、人類和所有現代哺乳類動物，即所謂的真獸亞綱（Eutheria）動物，都有一個用來容納和餵養胎兒的子宮與胎盤；而與此相對的是獸亞綱（Theria）的有袋類動物，如負鼠、袋鼠等，牠們的育兒方式則是在身體外部的育兒袋中完成。我們胎盤的遺傳編碼顯然是在八千萬到一億年前從病毒那裡獲得的，這種變化的發生速度極快，也許僅在幾個世代的時間內就完成了（Rush 2020, 2021b）。對病毒來說，這可不是隨機行為，就像COVID-19發展出新的變異株一樣，這也不是隨機的。我在先前的書中曾提過，病毒就跟所有生物一樣，都渴望永生；這是所謂的「生命意志」（Rush 2020, 2021b）。若只能空等一些隨機的、自發性事件來幫助生存，這無異是被判了死刑。生命必須積極參與自身的演化。

另一種類型的快速演化發生在相似物種經過數千年隔離後進行雜交（hybridization）或稱繁殖交配（interbreeding）的過程中。後代能從親代雙方獲得多樣化的遺傳物質，從中受益。現代家貓（*Felis catus*）正是這種雜交的產物。

表觀遺傳學和細胞內選擇，以及共生和雜交，這些新概念為遺傳過程和演化提供了科學上可驗證的解釋。它們也為我們提供了一個線索，解釋了在前言中所提及的，何以現代貓科動物與我們人類的最初可辨識祖先（猴子和猿），會同時期出現。這也有助於回答為什麼貓就跟鯊魚一樣，數百萬年以來幾乎沒有什麼變化。貓科動物和鯊魚一樣，在獲取繁殖所需熱量方面已經演化到「完美的境界」。我們人類的祖先選擇了智力和社會學習作為獲取卡路里的主要生存機制，而貓則選擇了力量、速度、隱匿性、一套擅於定位、瞄準和獵殺的感官系統，以及在短時間內繁殖大量同類的能力，也就是繁殖力（fecundity）。不論是對我們還是對貓來說，這些都不是隨機或意外發生的。人類的祖先必須適應這些貓的特徵，就像貓也必須適應我們所因應出的特徵一樣——那場原始的衝突，彷彿是一場善與惡之間的基因大戰。對我們那些遠古祖先來說，所謂的「惡」，很大程度上是被吃掉的恐懼；而今日的我們，則是在孩子的睡前故事中重新經歷到這份恐懼感。

貓的演化和人類祖先

我們對貓的靈性本質的理解，源於數百萬年來對牠們的觀察。從寒武紀時期（大約在五億四千一百萬年至四億八千五百萬年前）開始，生命形式大量繁衍，其中大部分是史無前例的形體——達爾文主義者從未對此加以解釋——我們也首次看到了可辨識的掠食者，或更大規模的生命互食現象。在進入這段時期之前，生命的營養需求是透過攝取所謂的「原始湯」或稱「原生漿」（primordial soup）中的礦物質和有機物質來滿足的。當然，那時也已經有細菌吞食其他細菌的情況，還有病毒入侵細菌，最終成為其遺傳編碼的一部分——這或許能為寒武紀動物看似憑空大量出現提供一個線索。在寒武紀動物群中，我們遇到的掠食者形態雖然許多都非常特別，但已相對熟悉。自從地球上出現生命形式（大約在三十五億年前）以來，就有其他生命形式以它們為食，或利用它們的遺傳密碼來強化自身的存續。我們或許只是掠食性太空外星人的食物；所以，請小心你邀請來家裡吃飯的客人。

我們五千五百萬年前最遠古的祖先，即使如今已難以辨認，但牠們更像是住在樹上的類似黃鼠狼的生物。在那時候，也找不到任何類似貓的生物。不過，當時確實存在掠食者，有些在樹上，也些則在地上（Rush 2021a）。這裡存在著所謂的「生命意志」，這是一種旨在保護自身免受傷害的一種生物程式（例如：自動反射）。現在試想一下，我們的遠古祖先必須與會爬樹的掠食者競爭，尤其是在夜晚。這種局面勢必會對整個群體產生壓力，導致遺傳編碼的改變，並在這樣的環境中促使具有生存價值的身體和行為特徵被選擇出來。例如，群體生活具有生存價值，因為成員之間可以互相照應、提醒，像是發展出溝通策略和叫聲——最初是鳴響和嚎叫——用來彼此警告遠處的危險。隨著和捕食者之間距離的拉開，預期壽命也跟著增加。我們的祖先所感受到的壓力和恐懼推動了我們的演化，正是這種恐懼將人與貓聯繫在一起，無論是過去還是現在。然而，即使採用這些策略，也沒有人是完全安全的。請記得我們先前談到的表觀遺傳學和細胞內選擇——遺傳編碼的變化是隨著時間不斷累積的持續過程，最終產生了我們今天所認識的物種（人類和貓）。

如前所述，我發現在這當中特別有趣的是，我們所認識的貓、猴子和猿是在相同的時期出現的，約莫在距今三千四百萬年到兩千三百萬年的漸新世和距今二千三年百萬的中新世期間。這裡的重點在於，我們是共同演化的，我們需要彼此，請記住，當時貓是掠食者，而我們的祖先是獵物。顯然，我們的祖先並沒有在體力上著墨太多——如肌肉力量、藏身技巧等。人類的生存關鍵在於保持警覺、增強對周圍環境的認識以及發展溝通策略，至少直到這個時期都是如此。

這個故事出現了一個轉折，可以想見這對我們祖先的心理層面產生了巨大的衝擊。大約在三百萬年到三百四十萬年前，我們的一些祖先開始製造石器（參考自：加州科學院〈石器使用的證據〉；California Academy of Sciences, "Evidence of Stone Tool Use"），問題是，「為什麼呢？」我們的祖先大多是素食者，主要以水果、葉菜類、塊莖、莓果和白蟻等昆蟲為食。尋找這些食物都不需要用到石器；用鹿角可以更容易地挖出埋在從地下的塊莖，或是從蟻丘挖出白蟻。然而，乾旱時期和劇烈的季節變化似乎會改變這些食物的供應狀況。正是在這些時候，我們看到之前我提到的「類比思維」（analogous thinking）開始發揮作用（Rush 1996, 2021b）。那時，我們的意識讓我們能夠抽身出來退一步，從大自然中汲取靈感，再將其重新運用。

那麼，石器究竟代表什麼呢？在人類思維中，這相當於掠食者的牙齒。運用這種類比思維，我們開始模仿其他動物，主要是食腐動物，而正是在食物短缺的時期，才會出現食腐行為。我們的基因並沒有幫我們配備武器，像是長長的獠牙，或是鋒利的爪子，所以我們不得不向掠食者「取經」——這些石器就是用來處理大型掠食者留下的屍體的。所以——這一點很重要——貓科動物不僅會獵食人類祖先，也會在我們需要時給我們留下食物。這是掠奪者的一種「回饋」——就像許多宗教都會直接獻祭（犧牲人類或動物的生命），或是透過象徵性的人類犧牲，如天主教彌撒中的聖餐——形同直接領受耶穌的身體及血——這是在「天堂」達成的協定。

正是在大約三百萬年前的這個時期，人類與貓科動物開啟了一段不同於以往的生死關係：牠們會給我們留下食物，但也會伺機吃掉我們。可以想見，人類對這批掠食者抱持著怎樣的矛盾心理，因為現在牠們不僅僅是純然的怪物；牠們也同時是對生命和肢體的必要威脅——即善惡兼具。許多神祇都展現出這種善惡的二元性，就像大自然一樣，有好的一面，也有壞的一面。

大約在八十萬到五十萬年前，開始出現刺矛這種工具，更重要的發明是投矛——這相當於是一種能夠飛躍到獵物身上的「牙齒」——這讓人類頓時躍升為頂級掠食者。而這又引發了另一個心理層面的問題，也就是對掠食者的認同感更形強烈：「我們就是牠們，牠們就是我們。」當然，到了這個時期，甚或還可以一路追溯到三百萬年前，我們已經擁有一套複雜的語言，用以儲存資訊和組織我們的世界。而且我們很可能根據人類在自然界（尤其是動物）中感知到的力量來為自己命名；因此，在許多人類部族中都有熊、獅等動物為名的氏族名稱。

人類是一種小型群體動物。我們在自己的地盤內狩獵和採集食物，人口數量會受到可取得的食物量所限制。大多數狩獵採集群體可能有二十五到六十名成員，儘管在一年中的特定時間，或出於特殊目的，可能會聚集成更大的群體，正如在土耳其的哥貝克力泰佩（Zbekli Tepe）所發現的聚會證據，這批文物的歷史可以追溯到大約一萬二千年前。這種大型群聚可能成為一股驅動力，促使數千年來在中東逐漸發展出定居型的農業。這裡應該要指出一點，畜牧業與定居型農業幾乎是同時開始的，甚至更早。

農業帶來了意想不到的問題，好比說，由於作物來源數量有限，無法滿足個人的所有營養需求。於是我們創造並不得不適應新的食物，像是牛奶、麵包和啤酒。與動物近距離接觸，也帶來了意想不到的疾病、蟲害和鼠害等問題。一些研究人員認為，在農業最初發展的中東地區，貓的馴化與人接觸到老鼠和其他害蟲是同時發生的。《科學美國人》（*Scientific American*）給出的時間大約是一萬年前（Driscoll et al. 2009），不過更有可能是在一萬一千五千年前，或是公元前九千五百年左右，這是根據在賽普勒斯（Cyprus）發現的人類與貓的合葬墓證據所推定的。動物行為學者瑟珀爾（Serpell, 2014, 86-87）對此評論道：

> 賽普勒斯島自形成以來，一直與小亞細亞大陸分離，其間相距約六十至八十公里。因此，這裡沒有原生的貓科動物。儘管如此，在賽普勒斯進行的考古挖掘卻找到貓的遺骸，其歷史可追溯到大約公元前九千五百年，其正確性毫無疑問，其中一隻還是與人一起埋葬的。這些動物的體型相對較大，這表示牠們屬於非洲山貓（libyca）這個亞種。牠們的存在以及與這座島上的人類一起生活和死亡，強烈暗示著牠們是被第一批人類殖民者所馴養，並用船帶到那裡。假設賽普勒斯

並不是人類馴養貓的特例，這些發現就代表著，早在公元前一萬年，黎凡特（Levant）的新石器時代早期居民就已經有捕捉和馴化野貓的習慣，還會帶著牠們遠洋航行……值得注意的是，這個日期也與遺傳證據相當吻合，當中顯示家貓譜系差不多就是在這時與非洲山貓分離。

正如我在其他著作中所提過的：

公元前一萬年的這個日期很有趣，因為在公元前一萬零九百年，一顆彗星的某些部分顯然撞擊到加拿大和北歐，開啟了一段名為新仙女木期（Younger Dryas）的小冰河時代，這一直持續到大約公元前九千六百年左右。正是在這一災難性事件之後，出現了一種「新的」文化和文化模式，後來稱之為新石器時代（Neolithic）。這在許多方面都是公元前一萬零九百年之前模式的延續，可以稱為原始新石器時代（Proto-Neolithic）。當時的人類就具備一些既有知識，包括注意到夜空中（黃道帶）的許多宇宙學特徵，這甚至早在一萬五千五百年前就已經存在（Sweatman 2019, 186-91）。這場災難性事件將動物推向南方，而且由於當時的水都轉化成冰川，因此從黎凡特向西進入埃及和利比亞變得很容易。（Rush 2021a, 97）

不過，關於貓的馴化還有其他可能性。如今的利比亞沙漠曾經是一片茂密的草原，當中有湖泊、沼澤、牧牛的人類，以及大量以牛的食物為食的老鼠。約莫在公元前五千六百年氣候開始變遷時，牧民向東南方遷移，朝著尼羅河以及所謂的「上埃及」移動——因為尼羅河是向北流，所以上埃及位於埃及南部，而下埃及則是北部的三角洲地區。人類會照顧他們的牲口，而貓（*Felis silvestris lybica* 或 *Felis chaus*）很可能也跟在後面，因為跟隨人類就能獲得穩定的食物來源：老鼠。請記住，貓一直將我們視為食物來源，即使不是直接以我們為食，也會間接透過老鼠或一罐鮪魚罐頭來獲得。

早在七千多年前，貓很可能就已經在埃及被人類飼養以用來捕鼠。然而，牠的價值必須先從實質意義上被認識，然後才得以從神話角度切入，將其特徵與眾神祇聯繫起來——無論是善還是惡。在某個時期，無論是在黎凡特還是埃及本土，貓對其遺傳密碼進行了一些微小的改變，進而降低了與人類相處時的壓力。這其實很常見，許多動物（例如松鼠、花栗鼠和鳥類），當牠們受到友善對待、沒有威脅，並且有穩定的食物供應時，都會逐漸適應人類的存在。我們的祖先是終極的人類學家。他們參與自然（成為自然的一部分），但同時又能夠將自己從大自然中抽離出來（保持距離），為了生存而從中尋找靈感，並能現學現賣，立即將其應用在現實生活中。而且，正如之前所提，我們賦予自身許多自然界的特質——我們渴望力量，因此會以獅子、老虎和其他強大動物作為自己的象徵。我們在這些動物的行為和特徵中看到了自己，也許在貓身上尤其如此。牠們是一種掠食者，我們可以近距離地觀察和研究這些動物，而且在大多數情況下，這並不會危及生命，也沒有斷手斷腳的風險。

以下引用英國考古學和人類學家桑德斯（Nicholas J. Saunder）的話：

有史以來，就有關於貓科動物對人類感知深遠影響的紀錄。綜觀歷史，獅子、豹、老虎、美洲虎和美洲獅分別在世界各地引起多種文化反應。在藝術、神話、意識形態和宗教信仰中，許多社會都採用貓科動物的圖像當作隱喻，用以表達人類的特質並象徵人際關係。任何一份對美洲貓科動物形象的有意義分析，都應當會提到這是對人與動物以及人貓關係的廣泛評估中的一部分⋯⋯

在考慮「為什麼是貓？」這個問題時，應該要指出幾點。除了人類之外，貓科動物顯然是在整個生命演化過程中分布最廣、最成功的陸地掠食者⋯⋯放眼世界，在人類占領的每一區，幾乎都要與大型貓科動物競爭——牠們是現存特化程度最厲害的肉食性動物⋯⋯早已存在，而且非常適應牠們的外在環境⋯⋯塑造人類社會的選汰過程可能也適用於生態條件相似但在親緣譜系的發展上不見得類似的掠食者。（1998, 1）

這裡要強調的一點是，人類和貓科動物已經相互適應了數百萬年，雙方所經歷的壓力最終導致了我們與家貓的密切關係。

第三章

貓的行為和生理學

所有的貓都具有不同的個性和相關行為。然而，就像人類一樣，這些特質也可以被概括分類。有些貓相當溫順，有些則隨時保持警戒，在清醒時會顯得緊張不安，而另一些貓則介於兩者之間。同樣地，有些貓攻擊性強、自信滿滿，而有些貓則退居幕後，遠離眾人的目光。在家貓之中，有些可能會很吵鬧或健談，而其他貓除了發出咕嚕聲外，很少會發聲，甚至根本不發聲。這些行為都與牠們的基因有關，這是動物飼養員很多年前就發現的，他們會挑選較溫和的綿羊、馬和狗來繁衍，以培育出具有特定行為特徵的後代。

力量

掠食性的貓科動物是權力的象徵，特別是在埃及傳統中的獅子。然而，這種象徵意義轉移到家貓身上時，這就成了一個靈性／精神層面的問題，尤其是在守護或保護他人這方面。然而，權力也可被用來行惡。這些用途可能不符合一般意義上的靈性目的，儘管一些宗教團體可能會持不同意見。正如我們在一神教傳統中所看到的，只要是以神之名，殺戮甚至可能被視為一種靈性行為，在進入天堂後還會獲得巨大獎賞。只要去讀一讀《舊約》和神諭，當然還有伊斯蘭教的真主阿拉或稱伊爾利亞（il Leah），這位月夜戰神，以及《光榮古蘭經》（*Glorious Quran*）中描寫戰爭的許多詩句。這些經文和真正信徒的行動說明了伊斯蘭教的一切——在此我想補充一點，這也適用在他們的日常生活中。然而，在基督教中，不能將耶穌與戰爭或殺戮聯繫起來，不論是哪種方式都不行。是的，經文中確實有提到「劍」的詩句，但那是耶穌為了教導人們彼此尊重而提出的一種分裂的隱喻，這是世界領導人為了自身私利而置若罔聞的一點，正如我們在洗劫基輔市的普丁（Vladimir Putin）身上所看到，他堪稱是現代的中世紀軍閥。

同樣地，那些被賦予到家貓身上的力量和靈性特徵也源自牠們的習性與特性，例如占地盤、敏銳的聽力以及在微光下的視力。眾所周知，蛇會尋找神廟等黑暗僻靜的地方，因此養貓會增加一定的安全保障。

噪音

貓很容易受驚，尤其是在遇到新事物和出現意料之外的噪音時，就像人類也會反射性喊出：「小心！」這些快速反應顯然具有生存價值。此外，貓可以聽到我們聽不到的聲音，因此當入侵者進入牠們（和我們）的地盤時，貓可以向我們發出警報。就跟一般的力量一樣，感知危險並警告神廟祭司的能力也被視為是一種靈性行為。「感謝神賜給我們貓！」

說話

「太初有字」，這些是刻在沙巴卡石（Shabaka Stone）上的個人抒發，年代可以追溯到古埃及第二十五王朝，約在公元前七四六年至六五三年，不過這也可以追溯到約公元前二六四九年至二一五〇年的古王國（Old Kingdom）時期。這些觀點在《新約・約翰福音》的開頭也有出現。有些貓在我們與牠講話時會回嘴，好比說我家的史派克，而且這樣的「對話」可以持續一分鐘左右。可能除了烏鴉、渡鴉和鸚鵡以外，沒有其他動物——至少根據我的經驗——能夠與人類進行這樣程度的交談。人類將說話的能力視為神奇的和靈性的，英文中的「象形文字／聖書體」(hieroglyphic）這個字彙來自希臘文中的 *hieroglyphikos*，意思是「神聖的雕刻」，而這些雕刻源自於「神的話語」。我們將這些雕刻和文字視為藝術，但在古代並非如此，這些圖像是神聖的，而且在許多情況下，一旦墳墓關閉，人類就再也看不到這些圖像了。正如沙巴卡石上所記載的，宇宙是透過普塔（Ptah）——又稱為阿蒙（Amun）或拉（Re），這取決於你讀到的故事是在哪個時期寫的——的話語而形成的，因此話語本身是神聖的，可以引發萬物誕生；貓以牠自己的方式「說話」，在某種程度上，也具有靈性和神聖的意義。

打轉引導

另一個有趣的行為與貓引導我去到某個地方有關。有時候，我家的史派克、席德或其中一隻橘貓似乎會想帶我去某個地方。這時，牠們會走在我前面，迫使我向右或向左走。這種情況通常是有貓想要我進去電視房，我一走進這間房，貓通常會穿過貓洞進入兩個「貓苑」中較小的那一個，或是跳到我的腿上。席德也會把我的妻子凱蒂帶進臥室，提示她幫牠梳毛。身為長毛貓又留著一頭鬈毛，牠的下巴下面會長出「髒辮」，需要經常梳理。這些行為看來好像是牠們想要什麼東西，或純粹只是想讓我們靠近一點，待在牠們可以看到的地方。

還有一隻橘貓內特，常常會帶我去找一些東西，也許是牠發現的一個塑膠袋、凱蒂的髮圈或是牠從桌子上拖下來的東西。感覺牠似乎想帶領我去取得某種獎賞。我可以想像一隻貓繞著神廟裡的祭司打轉，想要向他展示一條死掉的眼鏡蛇。

我家的貓有時會出現另一個有點危險的行為，當我走進電視房或客廳時，史派克會在我前面來回走動。我不確定牠的動機，也許這是貓另一種圍繞著人打轉的方式。我可不想摔倒，所以通常我會放慢速度，讓史派克走在我前面。

貓的引領行為也表示對牠圍繞著轉的人感興趣。我們喜歡被喜歡，而貓不會以我們的外表評斷我們。牠們和狗一樣，是非常容易接受他人的動物，無論其外表或狀況如何。這種特性也被視為是一種靈性的表現；在這方面，人類挺可惜的，有時不如貓狗。

我們養在室內的幾隻貓，若要用語言來形容，牠們似乎會「炫耀」。我們在起居區立起幾根用麻繩包裹住的柱子，形成一個四乘四的方陣，貓喜歡爬上去。有兩隻橘貓，內特和厄尼，會跑到柱子的一半高度，然後在我們經過時回頭看著凱蒂或我，好像是在說「你看我很厲害吧！」這時，只要給牠一點鼓勵，內特會迅速爬到頂端。但厄尼通常只會爬到一半，即使受到鼓勵也是如此，牠會爬到一半就跳下來。在年幼時，史派克會叼著一根四呎長的拖把，在起居區周圍走來走去，確保我們看到牠，然後才費力地把拖把從門口拖進廚房，然後放在地板上。我一直認為炫耀是人類的一種特徵，但是當你看到火雞和其他鳥類透過炫耀來引起雌性的注意（性信號）或抵禦掠食者時，就會覺得這一定是數百萬年來基因組中編碼的固有行為。想想一隻動物向人類炫耀的畫面。神廟的祭司也許會認為這樣的炫耀是孩子般的行為，因此將其與人類連結起來。

好比揉麵團的踩奶

根據一些研究人員的說法，貓做出類似「揉麵團」，或稱「踏奶」的動作是出於本能，這最初與刺激母親乳汁流動有關。當這種動作延續到成年時，一般推測為這代表牠們感到心滿意足（Paoletta 2018）。也有一說認為這是一種愛的標誌，是一種靈性狀態。

占地盤

貓的領域性很強，這點很合理，畢竟牠們需要足夠大的地盤才能滿足其熱量需求。數百萬年來，人類也得依賴特定的區域維生，當在考古遺址的人骨上開始出現投射武器的痕跡時，地域性的醜陋面就顯露無遺。為了延續生命，你必須進食以維持生命，任何干擾生命的事物都會產生壓力和衝突。大城市的幫派活動是這種古老需求的完美例子，因為在貧民窟，在許多情況下，領土就是你所擁有的一切，人們會將其標記並加以捍衛。人類使用視覺符號來標記地盤——這稱為塗鴉（graffiti）。不過這其實非常重要，因為這宣告著所有權和誤入他人地盤的後果。現代的個人塗鴉者其實也在做相同的事，只是在形式上更為受限。他們的塗鴉是在宣告地盤，也是我「到此一遊」的記號。

貓是以尿液和其他氣味來標記地盤，大半時候貓會用頭部和肛門腺的氣味標記，只不過，這種用來標示所有權的舉動，在貓用頭或屁股磨蹭我們時，卻被解釋為一種感情的流露。我認為沒有什麼比對另一個生命產生情感連結更為靈性的了。這是我們與貓建立關係的一部分，儘管受到人類的誤解。

當貓用頭摩擦一條腿或一隻手臂時，就是在標記牠的領地；當牠把尾巴纏繞在你的腿上時，貓實際上是在將肛門腺的分泌物摩擦到你身上。大多數人無法察覺到這種氣味，但其他的貓（和狗）可以。我們家養了七隻高度馴化的貓，牠們在房子內的大部分區域可自由活動，並且不斷地在凱蒂和我身上摩擦。我認為，在某些情況下，這是掩蓋其他貓氣味的一種手段。牠們會挨著我們走，或是坐在我們身上，以這類活動來標記我們是牠們地盤的一部分。這讓我們與之建立起連結。

情感連結

人類就跟狼一樣，都是小型群體動物。這表示在過去數百萬年間，我們的祖先從生到死只會接觸到少數人。人類學家計算出這個數字大概是在二十五到六十人之間，他們與其他群體形成關係主要是為了繁衍後代。在過著狩獵採集生活時，任何一塊地盤中能獲得的卡路里都是有限的，而且這通常是季節性的。群居動物，如非洲塞倫蓋蒂的黑斑羚或水羚，會形成更大的群體遷移，之所以能夠維持這樣大的族群，是因為塞倫蓋蒂平原為這些食草動物提供了大量的草。

相較之下，貓科動物並不會集結成小群體。沒錯，獅子會以獅群的形式出沒，但家貓與美洲獅、猞猁或截尾貓等豹類動物的親緣關係更密切，牠們都是獨來獨往的動物。就我個人接觸野貓和家貓的經驗來說，牠們會與另一隻貓建立起緊密的連結。目前，我們家來了一隻新的年輕野貓，牠已經與桑迪（我們家的橘貓媽媽）和洛基（一隻喜歡留在外面的家貓）建立起連結。

同一窩出生的貓，會與那些出生時間較近的貓（按出生順序），或吸奶時吸食相鄰乳頭的貓，形成緊密的連結。我家的貓有互相照顧的傾向，尤其是當牠們生病或受傷時。當我和凱蒂生病時，牠們也會變得更加敏感，特別是母貓。當家裡有隻貓被關在壁櫥（這很常見）或房間裡，或是有一隻貓生病時，我們的一隻母緬因貓黛西會跑來提醒我們。她有時會蜷縮在生病的貓旁邊，顯然是要幫牠保暖。甚至還有母貓願意當松鼠和兔子代理母親的傳聞（Mullarkey 2021）。目前，我家的橘貓內特生病了，可能是因為吃下了什麼異物。在準備帶牠去動物醫院時，我們拿出了外出籠，這時立刻可看到牠的兄弟雪貝展現出焦慮感。不管怎樣，牠們就是知道，出動外出籠時，就表示要去那個奇怪的地方，去見那些奇怪的人，就是有事情不對勁了。前一天晚上，雪貝蜷縮在內特旁邊為牠保暖，當我寫這篇文章時，雪貝正睡在內特在床上的位置，我從未見過牠這樣。睡覺的地方是神聖的領地，至少對我家的貓來說是如此。我們要如何解釋這類天性孤僻的物種會展現出這種小群體動物的行為呢？或許，貓正在成為小型群體動物。這類行為在其他物種（例如狼和大象）中也曾出現過，只不過牠們是高度社會化的動物，因此展現出這種行為並不令人驚訝。過去三十五年來，凱蒂和我多次看到家裡的貓展現出這種「關愛」行為。

幾年前，我們養過一隻名叫邋遢的貓，牠是隻美麗的米白色長毛貓。某天牠外出時可能被車撞了，因此腿部骨折，但還是設法回到了家。我們注意到當時家裡另一隻較年長的公貓，牠通常會待在房子附近，卻整整消失了三天這樣一段很長的時間，牠顯然是去幫助邋遢回家。我們帶邋遢去看獸醫，他們固定了牠的腿（這是一個漫長的手術），但牠必須在籠子裡待大約一個月，才能安全地讓牠出來去。牠從此個性改變，變得脾氣暴躁，還會欺負養在外面的其他貓，所以我們把牠的名字從「邋遢」改成了「暴貓」。

貓會與特定一人形成非常牢固的情感連結，儘管牠們也會將家庭中的其他人標記為自己的地盤。這就跟人類一樣，當你對他人釋出善意時，通常會得到正面的回報。這不禁讓我想起了《伊索寓言》中的「安德魯克里斯和獅子」這則故事。

故事講述一位名叫安德魯克里斯的奴隸，從主人那裡逃了出來，跑進了森林，對自己的未來命運一無所知。當他獨自徘徊時，聽到茂密的灌木叢中傳來悲鳴和呻吟。他小心翼翼地拉起一兩根樹枝窺視，結果迅速往後彈跳，原來他面前竟是一頭獅子，還是他見過最大的一隻！他轉身想要逃跑，但獅子繼續呻吟，對安德羅克里斯毫無興趣。出於好奇，他又回到獅子身邊，這時獅子伸出爪子，安德魯克里斯可以看到整個爪子血跡斑斑，還腫脹了起來。他非常謹慎地向牠靠近，避免目光直接接觸。他看到了問題所在：獅子的爪子裡深深扎著一根刺。他小心翼翼地把刺拔了出來，這時獅子發出了微弱的吼叫聲，但安德羅克里斯努力克制住自己的恐懼感，從腰間的衣服扯下一塊未弄髒的部分，為獅子的爪子包紮止血。這時，獅子彎下腰，像狗一樣舔著安德魯克里斯的手。然後他又幫助獅子去到附近的一個洞穴，安德魯克里斯在那裡每天幫牠換布，還會帶肉給這隻可憐的獅子，因為這時牠已無法自行捕獵。

然而不久之後，安德魯克里斯和獅子被都官兵抓了，他們對這位逃亡奴隸的判處是拿去餵獅子，而此時獅子已經被關了好幾天，完全沒有進食。

皇帝和他的所有朝臣都前來欣賞這一奇觀，安德魯克里斯被帶到競技場中央。不久後，一頭獅子從牢籠中被放出來，牠一邊咆哮一邊跳躍著，衝向犯人。但當牠一靠近安德魯克里斯，立刻就認出這位朋友，並開始對他撒嬌示好，還像一隻友善的狗那樣舔他的手。

皇帝對此情此景感到驚訝萬分，召見了安德羅克里斯，於是他向皇帝稟告了整個故事。最終，這位奴隸獲得了赦免並被釋放，同時獅子也被送回牠原本的森林野放。

一九五三年上映的電影《安德魯克里斯與獅子》（*Androcles and the Lion*）改編自一九一二年蕭伯納（George Bernard Shaw）的同名戲劇。此外，相似的故事也發生在聖經學者聖葉理諾（St. Jerome）身上（Voragine 1993, Vol. II, 211-16）（順帶一提，由於他始終擺脫不掉自己的情慾，因此他大部分時間都與世隔絕，獨自待在沙漠中）：

葉理諾是一位著名學者，三十九歲便當上紅衣主教。他對教會政治不感興趣，曾隱居了四年，唯一的同伴是蠍子和野生動物。最終他去了伯利恆，住在耶穌誕生的地方，致力於《聖經》的翻譯。

有一天，當葉理諾在修道院祈禱時，一頭獅子在附近徘徊，嚇壞了在場的僧侶。但是葉理諾保持冷靜，拔掉了獅子爪子上的刺，在妥善清洗後還幫牠包紮了傷口。從那時起，獅子就留在了這批僧侶身旁，在驢子從野地馱木頭時，牠會在一旁守護。

然而有一天，小偷進入了庭院，偷走驢子，僧侶們以為是獅子吃了牠，於是懲罰獅子去做驢子搬運木材的任務。獅子耐心地忍受這項負擔，同時也持續尋找驢子的下落。直到有一天，那些販賣駱駝的盜賊回來了，而那頭驢子也在其中。這時獅子發出可怕的吼叫，驅散了那些棄駱駝和驢子不顧的商人，獅子把牠們帶回了修道院。葉理諾當下明白了整起事件的來龍去脈。那批商人又回來請求寬恕，葉理諾表示願意寬恕他們，從此他和獅子與驢子繼續過著幸福的生活。

我們要如何解釋這種行為？如何理解這裡的比喻——何以一隻大貓竟會照顧另一隻牠通常會毫不猶豫吃掉的動物？這很難一概而論，但我認為，我們的祖先作為大貓的主要食物來源，完全有可能驅使牠們改變自身的DNA，發展出對人類祖先的依賴。請記住，幾乎完全以動物血肉為生的掠食者，得承受日復一日的巨大壓力，因為如果沒有攝取到必要的蛋白質，牠們就會死亡。在家養的貓也只能撐個幾天不吃東西。因此，就像人類擁有深層的、很可能還是遺傳性的探索欲望一樣，貓可能對我們人類也有著深層的渴望或關心。這不一定是出於愛，比較可能是對食物來源的在意，而這一點又因為我們不斷餵養牠們而繼續強化。從這層意義來看，我們仍然是牠們的食物。唯一的差異是，現在牠們不必為了補充熱量而努力獵捕。這種關懷變得普遍化，並轉移到與牠們有連結的人身上。當你的貓滿心渴望地看著你時，在最原始的意義上，牠實際上是在看什麼呢？沒錯，就是肉。這和一個男人滿眼渴望地打量著一個女人，或是一個女人渴望地看著男人並沒有太大區別。那些原始的衝動永遠都在。現在你知道伊甸園那棵知識樹的一部分意義了吧！你明白自身那旺盛的動物本性是會浮現的，那必須由文化中基於社會必要性所建構出來的一切道德和規則來馴化。我們要生存下去，這些知識就會迫使法條和規定出現。我們大多數人雖然屬於小型團體，但周圍都是陌生人，也就是其他人和他們的小型團體。大多數的宗教至少都會教導我們，要是我們不能和他人好好相處，就會自取滅亡。而這個故事更深入，呼籲我們需要以正向的方式與大自然建立聯繫——其中包括野生動物在內。

總之，我們將愛視為情感連結的一部分，而這正是愛的本質——那是對他者關懷的能力，許多動物（包括貓）都具備這種能力。愛沒有什麼特別之處。它並不是某種魔法般的正面情感來源。這與一些研究者——例如英國著名動物學家德斯蒙德．莫里斯（Desmond Morris）在其影片《愛的生物學》〔*The Biology of Love*〕中所主張——的論點相反。性衝動在基因的設計上是為了生命的延續，而愛是另一回事，本質上等同於接受者所感知到的正面感受。野貓與我的連結並不是出於任何特殊的愛，而是因為我為牠們帶來食物，牠們顯然認為這是一種正面經驗，並且非常重要。人類也需要食物，並將飽腹感視為正面感受，但作為一種群體動物，人類也有從另一人或另一群體那裡獲得正面回饋的生物需求——「人不是單靠麵包就能生存」——人類需要知道自己有所歸屬，能夠為他人所接受。在這一點上，貓不像人類有這樣強烈的需求，儘管也有例外。倒是你養的狗，牠們身為群體動物，就非常需要。貓似乎跨足在兩個世界裡，可以理解為上層（家養的）的世界和下層（野生的、危險的）的世界，但又不單純地僅限於其中一個。

我們的祖先誤解了貓因領域性而展現出的行為，這種誤解甚至持續到今天，至少仍在部分人士之間。貓持續在標定牠的地盤，如果你提供足夠的食物，貓會繼續將你標記為牠領土的一部分。請記住，貓可能沒有意識到為何牠們的食物會奇蹟般地出現。對貓來說，牠就是來自於生活在這個包含你在內的食物來源的領地裡。

關於與貓建立情感連結，有一個古老的技巧。對於剛出生的貓，如果你朝著牠的臉呼吸，牠會更快地與你建立關係。嗅覺對貓來說非常重要。這可能是在一萬或一萬一千年前，當人類最初在中東開始馴養牛、綿羊、山羊和貓時所使用的一種技術——生命的氣息。

還有另一種與貓交朋友的方法，那就是透過「眨眼」。貓的眼睛在所有特徵中最為神祕，這也是牠們被視為神祕生物的原因之一。我們家的橘貓內特會抬起頭，對我瞇眼，我也會緩緩眨動雙眼來回應。通常貓會避免直接的目光接觸，尤其是與其他貓。直視對方是一種威脅姿態；因此，牠們會瞇眼，然後把目光移開。貓似乎對緩慢眨眼會產生正面感受，不會迴避這樣的目光接觸，還會繼續保持下去，特別是在人類這一方持續緩慢眨眼時（Rush 2021a, 147-48）。

人類和貓所建立的連結可能非常緊密，這或許代表著數千年來貓的基因發生了變化，一如前文所講的。我家的史派克是隻緬因貓，非常黏我，牠必須隨時知道我人在哪裡，經常在房子裡走來走去，盡一隻貓最大的努力來「喊」我的名字。貓這種對特定個體的專注也受到祭司和其他人的注意。那些人為他人奉獻良多，例如，為老人做飯、照顧朋友和親戚，這些都是正向的給予，尤其是在提供食物時，因為這代表著將接受者納入。沒有什麼比被排斥的感覺更糟了，因為排斥在象徵意義上就等同於死亡。這種不求回報的自我奉獻被認為是靈性的，在天主教傳統中，認為這是聖徒的行為。

獨立性

貓的一個重要特徵是獨立，而這讓人產生冷漠的印象。我們養在室內的每隻貓都知道自己的名字，也會在聽到時回應——當牠們想要的時候，或是牠們會得到獎賞的時候，好比說可以玩一下追逐雷射筆尖的光點遊戲，或是得到白肉魚或肉泥等特殊款待。[1]

身為一種小型群體動物，獨立性也只能到此為止；我們的整體生存取決於對某個群體、家庭、工作或同儕團體的歸屬。我們看到當個人與群體脫節時會發生許多情況，諸如：孤獨、悲傷，常常還有苦澀；這種痛苦可能會轉向內心，導致憂鬱、藥物濫用（或更糟的），或轉向外在，訴諸暴力。這在城市環境中很常見，因為在城市中孤身一人時，你什麼都不是。你必須屬於一個群體才能成為某個人，才能擁有社會認同。再者，一旦你成為城市環境的一部分，就成為了那個環境的奴隸，因為正是在那個空間裡，你能夠獲得食物、住房和警察的保護。只有極少數擁有特定技能和金錢的人，才能收拾行囊，搬到山上，不需要購物中心或鄉村商店就能謀生。隱士多少算是接近這樣的境界，但即使是隱士也不是完全自給自足的。許多人選擇「離網生活」，搬到偏僻的地方。儘管他們生活在脫離電網的地方，但這些個人經常會組成聯盟，用蔬菜換肉，或用木柴換彈藥等等。事實上，一個人可以在不離開城鎮的情況下脫離電網生活，以物易物的團體在美國已經行之多年。大多數街頭流浪者就過著脫離電網的生活，透過以物易物、乞討或偷竊等方式來獲取食物和衣服。狗和貓經常填補人類陪伴的空白，特別是對於我們文化中的老年人和落魄者來說。

依賴和被依賴都有其局限性，有時我們都渴望空間。「我想要一個人。我只是想要一個人！」正如葛麗泰・嘉寶（Greta Garbo）在一九三二年那部經典電影《大飯店》（*Grand Hotel*）中所嘶喊的那樣。

在我看來，貓的獨立性源自於牠們不像狗、狼和人類那樣是小型群體的動物。牠們是靈活的機會主義者，可以在擁有充足食物和領地的情況下融入群體，但牠們似乎也內建有單獨行動的編碼。在我們的祖先眼中，這種獨立性是超凡脫俗的，這代表著貓也會接受到神祇的指令，而非僅只有人類。

拒絕

生物資訊學者山姆·威斯垂奇（Sam Westreich 2020）認為貓不會記仇，關於這一點我不是很確定。我想這取決於其中的確切恩怨。貓當然記得牠們什麼時候受到虐待以及受到誰的虐待（就跟人類一樣），這可能確實算得上懷恨在心。那麼拒絕呢？貓會拒絕牠們的主人嗎？在我看來，確實是如此。貓會與特定的個人會形成連結，這時這個人就成為牠的地盤，當其他貓進入牠的地盤（例如跳到主人腿上）時，這會給貓帶來心理困擾，就像生活在野外的貓在自己的地盤中遇到另一隻貓；這種情況甚至可能會演變成暴力相向。嫉妒似乎也是貓與人類建立連結的一個要素，這也跟人類的情況相似。我

1 作者註：貓可獲得的大部分食物都是優質的乾糧，這意謂牠們要比以老鼠為食的野生貓需要更多的水。關於家貓的飲食習慣，請參閱 Rush 2021a。

們常常嫉妒地守護自己的關係，不喜歡與他人分享親密的朋友。我家的史派克與我關係很密切，當牠跳到我的椅子上，發現有一隻貓坐在我身上時，就會轉身背對我。好在這種「拒絕行為」似乎不會持續太久，通常會隨著我用低沉的聲音安撫或輕微觸摸牠，牠就會停止。拒絕會是一種靈性表現嗎？我不確定這是否符合，但這是一種人類行為，而任何看似人類的行為都可能被貼上靈性的標籤，尤其是被像牧師或祭司這類「靈性人士」認定時。

發呆凝視

前文提過貓具有精細調節的感官系統，可以偵測到輕微、快速的運動，還可以聽到超過人類正常聽覺範圍的聲音。我家的室內貓中有幾隻會看電視，儘管很難確定牠們是否真的理解劇情發展。但當廣告中的貓「說話」時，牠們肯定會特別專注。不過，貓有時只是呆呆地凝視前方，也許是在做白日夢，但牠們似乎心神完全放空了。然而，這種行為可能會被當作是一種冥想的形式，一種靈性行為，旨在讓頭腦清空並與宇宙融為一體。在第七章討論夢時，我會再回來探討這種行為。

伸展運動

古埃及的象形文字（聖書體）中經常出現人、狒狒及在地上將身體伸展開來的獅子。其中，狒狒是智慧之神托特（Thoth）的化身，祂有時也會被描繪成朱鷺，代表知識或文明；而趴在地上的獅子，則是在向太陽神拉，或其在人間的化身——法老致敬。在這個看似打招呼的儀式中，貓也經常會做一個「大伸展」，並伴隨著一聲哈欠。這些舉動在當時會被視為貓在對祭司或任何與貓有連結的人致敬，因此也被視為一種靈性行為。我們知道，伸展是一種運動形式，但也可能代表牠們感到放鬆和舒適（參考自：國家家庭學習中心〈為什麼貓要伸展〉：National Center for Families Learning, "Why Do Cats Stretch"）。然而，在我看來，這行為的意義遠不止於此。人類會在口頭上互相打招呼；而貓非語言的姿態，以及牠們頻繁的伸展行為，都暗示著伸展可能是一種問候的姿勢，而不太可能只是一種鍛鍊方式。在貓的所有行為中，例如在祭司面前伸展身體，似乎是最為明顯的一種靈性行為，展現出對人類的尊重。

藏身處和逃生路線

貓擁有一種不可思議的能力，總是能夠找到陰暗、偏僻的地方來躲藏或睡覺。由於在睡覺時很容易受到傷害，尤其是在深度放鬆的狀態下，因此這些陰暗偏僻的地方對牠們而言，是絕佳的庇護所。

我家戶外的橘貓女王桑迪生下了八隻小貓，但其中一隻死產了。其他七隻一開始就很可愛。桑迪允許我們進入籠子清理貓砂、打翻的水或貓糧，但就是不讓我們摸小貓。不過，她確實是一位慈愛的母親。

隨著時間過去，小貓們逐漸睜眼，很明顯，七隻小貓中有三隻罹患了眼部皰疹病毒，凱蒂和我每天會在牠們的眼睛裡滴兩次眼藥水。四個星期過去，牠們開始吃一些幼貓飼料。這時桑迪變得焦慮起來，大約在第六週後我們打開了籠子，她就跑掉了。她和她的新朋友洛基回來過兩次，小貓們走到她身邊想要喝奶，但她似乎並沒有太注意牠們。

在小貓六週大時，等到早上餵完奶後，我們會讓小貓進入我的書房，就在貓產房的旁邊。最初的兩三天，牠們只是在床上到處嗅來嗅去，但有一天情況改變了。

一天早上，凱蒂讓小貓進入我的書房，然後離開了一會兒，等她回來時，她只找到七隻中的五隻。她驚慌失措，找遍了所有可能的地方，包括床底下、籠子裡、我的書桌底下，但一無所獲。她回到客聽猜想牠們一定跑出去了，所以我進入書房查看。這次只看到其中的三隻在床上玩耍。牠們不可能出去，但又不在房間裡能夠輕易發現的地方，那牠們到底去了哪裡呢？為了確保萬無一失，我和凱蒂走到外面，徹底檢查了一遍——什麼都沒有。再回到書房時，一隻小貓都沒看到。牠們不在房間裡！這會不會是一起外星貓綁架案？然後我們聽到角落的櫃子傳出輕微的吱吱聲。我打開最上面的抽屜，什麼都沒有。我打開中間的抽屜，看到七隻小貓蜷縮在我的襪子裡睡覺。我不太確定牠們是如何進入抽屜的——我想是從下面進入的，因為抽屜後方有一個爬行空間和入口。從那時起，那個抽屜就成了牠們每天早上待上幾個小時的地方，至少持續了三、四個星期，直到牠們的身體太大擠不進去為止。貓似乎有尋找基本上算是完全封閉的偏僻角落的本能，因為這樣的空間很容易防守。不過貓也會規畫逃生路線（Rush 2021a, 167-68）。

這種對陰暗、僻靜地方的需求讓人聯想到冥界。儘管冥界是個審判之地，但透過正確的儀式，人可以通過大門，此時，阿努比斯（Anubis）會將死者的心臟與真理女神瑪特（Ma'at）的羽毛比重，只有心臟比羽毛輕的，才能在荷魯斯（Horus）的護送下，前去歐西里斯（Osiris）那裡接受審判，最後才能去到古埃及的來世天堂「蘆葦平原」（Field of Reeds）。因此，這些行為特徵讓我們將貓與冥界聯繫起來，再加上古埃及太陽神拉化身成貓來對抗邪惡的阿佩比／阿波菲斯（Apepi /Apophis），因此有人將貓的這些特性視為靈性。

交配行為與生育能力

我不確定有多少人會將交配行為歸類在靈性的範疇（譚崔性愛和在宗教儀式中的性行為是少數例外）。在書本和電影中，人類的交配常被浪漫化，不過在大多數情況下，這確實是相當肉慾的。雌性貓科動物的行為肯定會被視為與人類性慾和需求類似——那種為了性進而追求不朽的熱情，或基因編程上的「驅動力」。在中世紀的基督教藝術中，發現有關於不受控制的衝動的有趣描繪，當中有隻發情的母貓，屁股高舉在空中；這張圖片當時被解讀為對朝廷某些重要人士的侮辱，又或者是為了引起世人對可能的不道德行為的關注（Nastyuk 2019）。

因此，「屁股朝天貓」成了一種關於道德論述的主張。這可能是延伸自天主教會的打壓手法，當時為了削弱其他具有競爭力的宗教體系的影響力——在我看來，古埃及的貓符號也包含在其中——教會便羅織出魔鬼代言人的說法。

中世紀時，天主教會對貓進行迫害，指稱貓是魅魔或魔鬼的代言人，這可能源自於古埃及的動物崇拜。過去，朝聖者經常會購買貓，並將其獻祭、製成木乃伊，當作是與神祇溝通以尋求幫助的工具，或者可能作為預測未來的神諭。在古埃及習俗衰落、基督教興起之際，埃及的動物崇拜進入最為活躍的時期。

天主教會將這種「眾神使者」的想法視為邪說，主要是因為他們認為這種對貓的信仰會與之競爭，進而分散教徒的心智和靈魂，這也許就是貓是魔鬼代言人的說法起源。在基督教談論的邪惡中，魔鬼是一個主要的象徵，泛指所有與之競爭的宗教系統中的所有神祇。頭上長角的魔鬼常與希臘神話裏的牧神潘恩（Pan）連結在一起，潘恩是半人半羊，代表最為基礎的本能，例如性慾。除此之外，還會令人聯想到其他的神怪，例如，當前一些威卡教（承襲凱爾特人傳統）信仰中代表重生的綠人（Green Man）。綠人代表的也是另一個類似的神，是原始凱爾特傳統（約公元前五百年）中長著鹿角的生育之神塞爾努諾斯（Cernunnos），祂會盤腿坐成蓮花座，周圍環繞著動物和俗稱天仙子（*Hyoscyamus niger*）的莨菪（henbane），這是一種會改變人心智的草藥，據稱是「女巫祕藥」（Witches' Brew）的原始成分之一（Rush 2021a, 171-72）。

另一方面，生育力是絕對必要的，這包含農作物或食物，當然還有活產。正如前面所提到的，貓的繁殖速度很快，而數量就是關鍵。家貓一窩最多可以產七到八隻，每年最多可以產下五窩！此外，在埃及的城市環境中，許多幼貓都能存活下來。在野外情況則不是如此，家貓以及叢林貓（*Felis chaus*）和亞非野貓（*Felis silvestris lybica*）是大型掠食者的獵物。敏（Min）是古埃及最初的一位生育之神，而美索不達米亞的塔木茲（Tammuz）則被概念化為男性，就跟埃及法老一樣，掌管農作收成。法老大部分的時間都在舉行儀式，確保眾神滿意並繼續提供農作物。塔木茲被描繪在阿舒爾（Ashur）

的一塊雪花石膏浮雕上，其年代可追溯至公元前一千五百年左右，一旁有兩隻獅子隨侍在側。塔穆茲的妻子是伊南娜（Inanna），她同樣與獅子有關，而獅子是權力和生育力的象徵（參考自大英百科全書「塔穆茲」詞條：Britannica, Tamuz）。顯然，古埃及人認為生育力這項特性是必要的，而且肯定也是靈性的，這一點正好展現在埃及神話中通常以貓或貓首人身形象現身的女神芭絲特（Bastet）。

理毛行爲

貓最擅長的三項基本活動是吃飯、睡覺和理毛。如果給貓一個乾淨的環境，貓是非常愛乾淨的。我注意到，我家養的室內貓一旦完成理毛，就會開始出現兩種行為：不是倒頭就睡，就是在牠認定的領地上行走，把自己的氣味塗抹在已被擦拭或除塵的物件表面，或是抹在牠們遇到的新物體上，這包括我們的衣服。神廟祭司想必也注意到這一點，他們在服務神祇（獻祭等）之前也必須進行沐浴或儀式性清潔。舉個例子，早上當我和凱蒂喝咖啡時，史派克會坐在我旁邊理毛，大約五到十分鐘，之後，牠會從椅子上跳下來，走出客廳，然後在貓抓板上磨爪，接著用額頭在前門上做了標記。然後，牠沿著大廳走去，去了洗手間，繼續沿著大廳進入電視室，最後來到了東側的貓舍。牠可能會在那裡停留幾分鐘（有時更長），然後原路返回，首先進入廚房，然後進入備料區，跳上窗台，在那裡俯瞰房子的西側。牠在這裡，可以仔細觀察後院的貓、鳥和松鼠。然後牠跳下來，通過貓門離開廚房區，穿過貓門，進入房子西北側一處更大的貓舍。史派克在這間較大的貓舍中有一個專屬的特殊席，那是靠近天花板的一個墊子，可以讓牠俯視後院的全景。這便是牠的日常行程，從一個房間到另一個房間，一一巡視那些舒適的地方、熟悉的地方，檢查和標記牠的新舊地盤。

想像一下，在一座埃及的神廟，裡面有無數的房間，裝飾著象形文字和神像，神廟裡的貓首先會把自己梳理一番（沐浴），然後參觀一個又一個的房間，用頭去磨蹭，也許在遇到祭司時會伸展身體，用尾巴纏住祭司的腿，留下自己的氣味標記。這種行為可能與祭司服侍神祇時的作為相似；祭司也有他們的領域性。

回顧來看，力量可說是貓科動物最突出的特徵。有許多事證可以說明這一點，像是穿著美洲虎皮的薩滿、許多部落的酋長都會身披豹皮、獅頭造型的諸神以及祂們的變形能力和造成混亂及讓其他生靈痛苦的能力等等。這種力量的特性就此轉化，進入靈性的範疇。我們的遠古祖先不見得會認為自己很強大，而他們確實借用了在他們眼中強大的掠食性動物，也就是貓的特徵。而力量是神所賜予的，因此貓的力量必定有一超脫世間的來源，自然便是有靈性的。

貓的發聲能力是牠們另一種獨特的靈性行為，這種能力是牛、公牛、雞，或我們祖先所接觸過的其他動物所缺乏的。儘管貓絕對不是唯一會發出聲音與人類溝通的動物，但牠們似乎確實更努力地想要發出像我們一樣的聲音。前面就提過，是話語讓宇宙得以存在[2]，因此這讓人覺得貓的發聲也具有靈性。

建立情感連結是一個非常重要的議題，在人類之間，這種情感連結是自然而然的且可預期的行為，畢竟我們是小型群體動物。然而，人類會根據體型、膚色或性別來判斷是否與他人交往，但貓不會，牠們的連結顯得更為純粹。

貓的伸展行為，尤其是在遇到祭司或與貓有連結的人時，會被視為貓對其的讚美或崇敬，就像古埃及象形文字中描繪的狒狒和其他動物，在太陽神拉和太陽之子法老面前跪拜在地的場面一樣。太陽之子或上帝之子的主題由來已久，非常古老。

貓天生具有尋找黑暗、僻靜地方的本性，而牠們在黑暗中發光的眼睛，則讓人將貓與冥界聯想在一起。傳說中，太陽神拉前往冥界時化身成一隻貓，在那裡抵禦像阿佩皮或稱阿波菲斯這樣的黑暗力量，這肯定又會強化世人對貓這一特點的印象。貓在冥界擔任保護者或守衛的角色，而在人間則要對付蛇和蠍子，因此牠們有資格進入靈性的範疇，而且與我們人類不同的是，牠們似乎可以跨足這兩界。

生育力是一個絕對值得關注的問題，因為其對立面便是不孕和死亡。因此，就像一些高盧（Gallic）文化會將兔子或野兔——這與春之女神奧斯塔拉（Ostara）或稱伊斯特雷（Eastre）的故事相關，最後成為復活節（Easter）的由來[3]——視為生育力和春天的象徵一樣，埃及人則是相中了貓。

對於古埃及的祭司乃至於今天的神職人員來說，在服侍神祇前先進行一趟心靈淨化是絕對必要的。在希臘史學家希羅多德（Herodotus, 2017）的著作中，我們得知埃及人有許多用來保持身體清潔的作法。這是必要的，因為在他們的氣候下過著近距離生活，蝨子和其他害蟲都是一大問題；此外，體味也被認為是令人厭惡的。頭蝨可以透過化妝品和剃掉全身毛髮來解決。古埃及的女性也會剃髮，這也是他們戴假髮的一項原因，尤其是在派對上。他們也使用樹脂當作口腔清新劑。

就目前為止所發現的證據來看，我可以很有信心地說，在古埃及或其他任何地方都沒有過對貓的敬拜（或崇拜）。在埃及，貓脂肪曾被用來驅趕老鼠，也會將其入藥，成為藥物配方（見下文）。在愛爾蘭，至少在他們的神話傳說中，有描寫到他們會將貓皮貼在打仗用的頭盔上。在印度教、耆那教和佛教中，貓可以在寺廟中自由行走，還會受到照顧，儘管也有提到所謂的妖貓。然而，這裡要明白一點：在這些宗教中，奪取生命（植物的生命除外）可能會招致惡果，因為所有生命形式都是一體的。

2 譯註："In the beginning was the word"，此語出自《新約．約翰福音》第一章，目前多數的中文合譯本譯為「太初有道，道與神同在，道就是神。」不過中文恢復譯本直譯為「太初有話，話與神同在，話就是神。」

3 譯註：據說伊斯特雷女神在森林中發現一位受傷垂死的獵人，女神將他變成鳥，讓他隨侍在側；後來這隻鳥又受到傷害，於是女神再將牠變成野兔，並且賜予牠逃離所有獵人的槍以及陷阱的能力，此後兔子就成為女神的幸運象徵。而野兔為了感念女神的祝福與賜予，每年在這時候就會生下一窩蛋，因為牠之前當過鳥，這傳說後來就演變成復活節的彩蛋與兔子。

牛在街上行走，猴子（這可能非常危險）棲息在寺廟裡，老鼠也是。任何有免費肉類的地方，都可能出現貓這類食客，牠們並不是受到崇拜的神。況且，那時認為一切都是佛性意識（Buddha consciousness）——樹木、岩石、鳥和貓；萬物眾生皆是佛。

回到古埃及，我想在此重申，貓在中世紀歐洲被妖魔化，部分原因可能與在薩卡拉（Saqqara）、沙魯納（Sharuna）、塔尼斯（Tanis）、特爾巴斯塔（Tel Basta）、底比斯（Thebes）和其他地方所舉行的動物崇拜儀式有關。隨著古埃及文明開始衰落，宗教傳統開始被基督教取代，這類祭祀活動變得更加活躍。在上述的這些地點，許多類型的動物（目前是貓）被獻祭、製成木乃伊，供希望向眾神傳遞訊息的朝聖者使用（Ikram 2015）。

然而，在人類眼中，貓很可能一直具有惡魔般的特質，畢竟牠們過去基本上每天都在獵食我們的祖先。等到人類學會如何處理大型掠食者留下的遺骸時，貓的好處才顯現。大約一萬二千年前，當貓融入我們的生活，人貓關係更為親密時，這些正向特質就變得愈發明顯。我們要適應貓，貓也要適應我們，而在這過程中，我們可以在自己身上看到貓性。在我看來，從歐洲迫害女巫開始，一直到晚近將貓妖魔化，並不是出於貓身上固有的邪惡特徵，而是源自於天主教會所編造的政治和經濟問題；真正的邪惡根植於教會之中。在兩三萬年前的洞穴藝術中，完全看不到任何關於貓具有邪惡性質的暗示，即使是在描繪獅子這種強大的動物時——牠們偶爾也是會吃掉洞穴藝術家的。別忘了，獅子喜歡生活在有遮蔽的角落和洞穴之中，熊也是如此，而多年前毫無戒心的藝術家在那種環境下，是無法與獅子相抗衡的。

第四章

動物崇拜

在古代世界，很少有動物會受到崇拜。不過這裡有個問題，我們是如何定義所謂的「崇拜」。很少有人能夠在著作中清楚區分崇拜、靈性、神聖等詞彙，因此在有些人的想像中，當看到一個長有獅子頭的神時，例如古埃及神話中的母獅神塞赫麥特（Sekhmet），就會誤以為當時的人們崇拜的是獅子本身，而非一位擁有獅子特性的神祇。這是將象徵符號與其所指涉對象混為一談了。

稀少而罕見

在古埃及，最有資格受到崇拜的動物可能是聖牛阿匹斯（Apis），也許還有鱷魚索貝克（crocodile Sobek）。阿匹斯牛與太陽神拉有關。拉的女兒哈索爾女神（Hathor）的主要特徵是牛角。要成為聖牛的條件包括：黑色毛皮、額頭上有白色菱形斑紋、背上呈現鷹翼形狀等特徵。這種牛的壽命可能有二十五年，死後被製成木乃伊，放入石棺（sarcophagu 一詞字面意思是「噬肉」）[1]中，然後埋葬在例如薩卡拉（Ikram 2014）這樣的大型墓葬群。我覺得有趣的是，我們找到關於如何將公牛製成木乃伊的說明，但竟然沒有發現將人製成木乃伊的製作說明。一些埃及古物學家認為，這是因為埃及經常在製作人的木乃伊，因此沒有必要將製作方法記錄下來，這確實不無可能。然而，由於這個過程高度儀式化，可能是專門的技術，因此是不外傳的機密。不過，公牛木乃伊實屬罕見，可能二十年或二十五年才會進行一次。但我認為可能還有另一個原因。處理屍體，將其製作成木乃伊並不是由醫療專業人員來進行的，在當時的人眼中也不是一種崇高的職業。在我們目前的時代，我們不會為太平間的工作人員寫傳記，在某些文化中這是一種不潔的職業，可以假設在古埃及也是如此。事實上，在現代，殯葬業常被看作是種陰森恐怖的工作。

索貝克神的主要特徵是鱷魚。牠從尼羅河陰暗的深處，即原初之水或稱努恩（Nun）中出現，就像水面的一個隆起物——本本石（Ben-Ben stone），這是埃及神話中象徵天地初開時第一塊出現的土地。然而，鱷魚非常危險，可能吃掉了許多埃及人。鱷神索貝克同時也是治療與生育之神，以及守護神，而人們對他的崇拜，很可能如同魔鬼信徒對魔鬼的供奉方式一樣。也就是說，善良的上帝不會傷害你——例如，在《約伯記》的故事中，骯髒事都是由上帝的對手來做，而不是上帝本身。神確實親自允許對手折磨和虐待約伯——這聽起來是不是很像惡魔的行徑？所以，這裡的道理很簡單，如果善良的神不會傷害你，那就去膜拜會傷害你的神。你向索貝克致敬示好，這樣祂就不會傷害你。

長年研究日本民間傳說及妖怪的學者戴維森（Davisson, 2021, 14）認為，雖然日本是對貓很迷戀的國家，但對於貓曾受到崇拜的論點仍不夠成熟。是的，確實有神社以貓為主題而建立，但牠們並沒

1　譯註：早期石棺由一種特殊的岩石造成，據希臘史學家希羅多德的說法，它們能侵蝕棺內屍體的肉，又有食肉石之稱。

有像神祇一樣受到供奉。最初引進日本的貓非常昂貴，只有富人才負擔得起。當然，牠們備受寵愛，但沒有被供奉。長時間下來，貓的數量激增，最終逃離了富人和名人，來到了農村。自立更生的貓需要食物，於是進入房屋和穀倉，並在那裡標記地盤，一般人將此視為滋擾與麻煩，但仍然有許多人將貓當成寵物餵養。正是在這一點上，貓開始沾染上各種邪惡色彩。例如，日本的「怪貓」（*Kaibyō*），民眾認為這是變形者和吸血鬼，通常在一定年齡後成為邪惡的象徵，在某些表演中是七歲。在日本，任何以貓為主題的神社，多半象徵著幸運，稱為「招財貓」；或是作為防範變形貓和吸血鬼貓來襲的結界——但這並不表示貓本身受到崇拜。這些故事大多與神道教有關；倒是日本的佛教徒對貓相當冷淡。沒錯，牠們可能控制了老鼠的數量，從而保護了他們的手稿，但除此之外，貓會亂標記地盤，偷吃食物，也沒有在佛陀圓寂時表現出哀悼等等。大多數人普遍認為，佛教徒皆視所有生命為神聖，但就算是神聖，似乎也有不同的等級層次。

什麼是「神」？

「神」這個概念有多重層面。在一神教傳統中，神是全能者，創造了我們在時間之中所經歷的宇宙。然而，在二元對立的世界觀中，一神的存在必然伴隨著一個力量相當的對手，用以解構創造，引導世界走向虛無。生命只能與死亡並存。因此可以說，關於神的概念一直存在著一場拉鋸戰。在猶太教（耶和華）、基督教（父神，不是耶穌）和伊斯蘭教（阿拉）中，神具有嫉妒之性，並要求絕對的崇拜，將信徒納入一種「天界奴役」的狀態。在蘇美神話中，恩基（Enki）創造了人類作為眾神的奴隸。從這些角度看，許多神其實更像是惡魔——除非你不介意被奴役，或認為奴隸制度很理所當然，就像古埃及和世界許多地區數千年來的傳統一樣——而且至今仍存在，例如性交易。事實上，反奴隸的觀念一直到近代才出現。

在古埃及文中有*neteru*這個詞，可以指「神」或「眾神」，這或許說明，一神論並非全然新創；但對於埃及人、蘇美爾人與馬雅人等多神信仰者來說，他們需要借助眾神各自的特性和職能，來組織、描述，並以他們自己的方式來解釋周圍的世界。對埃及人和大多數的文化來說，有善就有惡；比方說會有良善的力量，也可能有破壞的力量。母獅神塞赫麥特能以沙漠的酷熱毀滅一切，但也可為子民消滅敵人。

一神信仰者認為他們的神是全能的，掌控所有的自然力量和生死，也認為他們的傳統比多神信仰更為優越或更先進。在一神教傳統中，你，真正的信徒，永遠不可能成為神，就像你不可能成為國王或法老一樣；一神教的傳統是崇拜和祈求，並將人們區分開來——不是在群體內部，就是在群體外部。這種分歧在中東政治上非常明顯。另一方面，對多神信仰者而言，神是對自然力量的化身，人可以與之認同，甚至化為其中之一。

換言之，神就是自然中的各種力量，因此總是根據我們對自然現象的經驗來加以描述，而這種經驗通常是二元對立的。蠍子是頭戴蠍子的女神塞爾凱特（Serquet）最具代表性的象徵。蠍子女神塞爾凱特本身並不是蠍子；這裡又出現了將象徵符號與其指涉對象混淆的情況。古埃及人認為，凡能致人於死地者，也能治癒人——這正是順勢療法（homeopathic medicine）的思想根源——因此塞爾凱特手拿著一個安卡（在這裡象徵的是生命）和一根獸首造型的沃斯權杖（was-scepter），後者可能象徵歐西里斯邪惡的兄弟賽特（Seth），同時也象徵權力。正如同女獅神塞赫麥特是哈索爾的另一面，這就像人性中也隱藏著攻擊性。

不過在出現新傳統或新宗教時，神也可以成為創造的工具。例如，在巴比倫神話中，馬杜克（Marduk）擊敗女神提亞瑪特（Tiamat）後，將其肢解。

隨後，馬杜克凝視著祂的屍體，陰沉地盤算著，並構思出一個巧妙的計畫。他像劈開貝殼一般將提亞瑪特分成兩半，將其上半身化作穹蒼，好似用橫梁支撐屋頂，並派了警衛看守祂的水域，使其無法逃脫。接著，祂穿越天空，勘察四面八方，並回頭對付他父親埃亞（Ea）所在的阿普蘇（Apsu，意為淡水）[2]，祂測量了深淵的廣度，並在其上打造了一座偉大的居所——大地，猶如覆蓋在阿普蘇之上的天篷。他分派阿努（Anu）、恩利爾（Enlil）和埃亞（Ea）掌管天界、大地和深淵，完成了創世計畫的第一階段（Campbell 1991, 83）。

這是一種對舊傳統的解構，同時以其為基礎建構出新的敘事架構。在古埃及的死亡儀式中，死者身上的每個部分都對應到一位神祇。比方說那句，「我的眼睛便是那智慧之神托特的眼睛」，正體現出一種以重生為目標的信仰觀，即新生從舊有之中誕生。埃及第三十王朝的內克塔內博二世（Nectanebo II）統治時期，約在公元前三六〇年至三四三年，有一塊結合醫療與巫術的石碑「梅特涅碑」（Metternich Stela），在其上刻有一段魔咒，是「治癒貓的咒語」（Allen 2005, 53-54）：

> 迷惑貓的咒語：哦！太陽，來看您的女兒吧！因為一隻蠍子在路上咬了她！她的哭聲直衝天際，回響於您的行徑之路。毒已經進入她的身體，滲透到她的血肉。在她身上毒已完全發作。看哪，毒已進入她的體內。所以請帶著您的掌控力、憤怒與氣血來吧！看哪，毒正潛藏於您眼前，遍布我所治療的這隻貓的四肢百骸。
>
> 別害怕，別害怕，我視如己出的女兒！我就在你身邊。我對你感同身受，感受到這隻貓四肢中的毒。

2 譯註：在巴比倫神話中，代表鹹水的原始神提亞瑪特，與淡水的源頭阿普蘇，兩神陰陽交合，繁衍出更多的神祇。

貓啊！你的頭是太陽神的頭，兩界之主，祂打擊不滿的臣民，萬物生靈都對祂永懷恐懼。貓啊！你的眼睛是如假包換的太陽神的眼睛，祂用眼睛照亮了兩界，照亮了黑暗道路上的臉。貓啊！你的鼻子是更加偉大的托特的鼻子，祂是赫爾莫波利斯（Hermopolis）的領主，是管轄兩界太陽神的主人，祂讓每個人的鼻子可以吸聞。貓啊！你的耳朵是極限之主的耳朵，祂聽到每個人呼喚的聲音，在所有地方進行審判。貓啊！你的嘴是創世九柱神之首阿圖姆（Atum）的嘴，一統生命之主，因為祂帶來團結，祂會把你從任何毒中拯救出來。貓啊！……

這個咒語持續下去，將不同的男神和女神與貓的身體部位連結起來。這裡有兩個重點：首先，法老王——在這個例子中是內克塔內博（或委託雕刻這塊石碑的上層精英）——將這塊石碑獻給一隻貓，這顯示出在這段歷史時期，貓的重要性已不可忽視。在古埃及，貓的重要性不容小覷，主人甚至會在心愛的貓去世時剃掉眉毛以表哀悼（Kennedy 2022, 25）。第二點是，這裡清楚顯示出，貓就像所有其他世俗事物一樣，受到自然的力量所影響，然而，牠本身並未被視為神祇加以崇拜。此外，這段咒語也顯示出貓遭到蠍子螫傷的情況勢必很常見，這有助於強化當時貓作為守衛和保護的角色。

印度教、耆那教和佛教

讓我們思考一下印度教、耆那教和佛教這三種彼此相關的宗教。據說，在某些情況下，貓在這些傳統中都曾受到崇拜。不過，問題在於這些傳統宗教認為，一切眾生皆被視為神性顯現。這正是雙手合十（namaste）這一動作背後的精神。這個姿勢代表了對內在神的致敬，而不是對某位特定神祇的膜拜。因此，在這些傳統中，貓是神，但生靈萬物也是。所有生命形式皆被視為神聖，至少在形上學的層次是如此。在寺廟中，例如猴子、老鼠、小鼠和貓都被視為神聖。人們歡迎貓進入寺廟，因為牠們能幫忙驅趕老鼠，老鼠這種動物幾乎什麼都吃，包括用羊皮紙製成的手稿，也吃樹葉和其他有機材料。不過，老鼠也是神聖的。那麼，當你養貓來捕捉老鼠時，這是否就表示老鼠沒有貓那麼神聖呢？

古埃及人如何使用貓

為了進一步說明古埃及人其實並不崇拜貓，讓我們來回顧一下貓在當時如何被使用。大致可分為兩大類，一種是象徵意義或靈性上的，另一種則是實際身體上的。貓最具靈性意涵的用途，或許是作為向彼世傳遞訊息的媒介，在某些文化中，有時是透過熊來完成，儘管我們的遠古祖先並沒有將熊拿來獻祭並將其製成木乃伊，但使用方式卻相當類似。據說，我們的古代祖先在冬季時進入洞穴，請求冬眠的熊向彼世傳遞訊息——讓其他動物回來被獵食（這些動物就是那一餐）。古埃及人也做了同樣的事，首先獻祭貓，再讓牠將訊息帶到靈性世界。在此情況下，貓可被視為一種薩滿角色，雖然尚未像熊或後來的人類薩滿那樣具有主導地位，但牠們確實負責與眾神溝通，尋求賜予、建議和預知未來。這種溝通有時也會針對親人和最近去世的人，因為他們已通過歐西里斯的審判，正生活在西方的蘆葦平原，最適合為在世親人求情。這可被視為一種心理治療；透過與貓相關的儀式，讓人有所行動，而這在許多情況下，會比什麼都不做來得好。

在實際用途上，當時貓也負責守護宮殿和神廟附屬穀倉中的糧食。貓在這方面的價值最為重要，畢竟埃及素有中東麵包籃之稱。不過貓還有其他用途，人們也認為貓具有化解災厄的靈性力量。例如，將貓脂肪塗於某些區域以驅除老鼠。正如古埃及學者傑蒙（Philippe Germond, 2001, 77）所評論的：「貓也對魔法與醫學領域有所貢獻，牠們的脂肪、皮毛與糞便被廣泛應用於各種製劑之中，儘管這些配方的療效常令人存疑。一份醫學紙莎草紙上載明『要防止老鼠靠近，可以在所有東西上塗上貓脂肪，』同樣的成分也用於治療燒傷、舒緩關節僵硬和預防白髮。」

古埃及學者瑞夫斯（Carole Reeves 1992, 12）進一步指出：「英國埃及古物學家威廉・弗林德斯・皮特里爵士（Sir William Flinders Petrie）在一八八八年至一八九〇年間在埃及古都拉罕（Kahun）進行挖掘，發現幾乎每間房子都曾遭老鼠侵擾，牠們的洞穴裡塞滿石頭和垃圾。他還出土了一個陶製捕鼠器。可見當時人們飼養貓是為了守護食物和穀物，避免齧齒動物前來偷食，若無法飼養貓，則建議塗抹貓脂來驅鼠，其氣味具有威懾作用。

老鼠為避免被捕食，改變了牠們的氣味和聲音的基因編碼，就像貓一樣——這正像是一場演化上的軍備競賽。貓脂的氣味暗示著附近有貓，很可能確實具有驅鼠效果。也許當時的祭司相信貓脂中含有某種神奇力量，不過這點我們已經無從得知。同樣地，貓脂、貓舔過的皮毛（含有貓特有的酵素）和糞便，或許都具有驅鼠效果——我們在這裡再次看到老鼠不想被捕食的本能，以及貓的存在顯然具有生存價值的證據。

而貓毛則會拿來治療燒傷：

> 一塊蛋糕
>
> 貓毛
>
> 混合搗碎後，塗抹於傷患處。（Bryan 2021, 69）

古埃及人還會製作一種叫做「奇斐」（*kyphi*）的物質，已經有數百年的歷史。奇斐主要用途是當作焚香，當中含有特定的藥草和樹脂——成分依配製者而改變。其用途包括控制氣味和掩蓋口臭。古埃及人的牙口不好，主要是吃麵包造成的。由於當地風沙多，導致麵包中含有大量沙粒，長期食用下，就像用砂紙磨牙一樣，導致膿腫、牙齦問題和口臭。奇斐的名稱在各地略有不同，而且還有其他用途。

而另一種名為「卡培」（*Kapet*）的配方是奇斐的變化版，這將我們帶回藥物的心理作用領域，因為它的用途是避免神、惡魔和死人的有害影響。其配方不僅需要前面提到的草藥和樹脂，而且還包括在德語中恰如其名的 *Dreckapatheke*（意思是「污物藥」），材料包含獅子、鱷魚、燕子、瞪羚、鴕鳥和貓的排泄物，以及蠍毒、驢毛、鯰魚鬚和鹿角等（Manniche 1999, 55）。

不過，後來有人重新評估了這類「污物藥」的功效，認為古埃及人搞不好是全球第一個使用抗生素的人。

他們〔古埃及人〕主要是將這些混合物拿來治療最頑固的砂眼和類似的眼部感染，這些感染無法用其他方法治療。他們會拿尿液來洗眼，在搗爛藥物時來會加入泥土。一九四八年，當威斯康辛大學植物生理學教授班哲明．道格博士（Benjamin M. Dugger）向世界展示新藥金黴素（Aureomycin）時，他當然沒有想到他的發現會與我們對埃及醫學的評估有任何關聯。

事實證明，金黴素對於治療砂眼非常有效。金黴素是「神奇的」抗生素藥物中最新的一種。

它是從土壤樣本中取得的，特別是來自墓地附近的——這只是道格和他的同事在一九四四年至一九四六年間檢查的約三萬份土壤樣本中的其中一個。這種土壤中生長的菌類對某些病菌的生長有抑制作用，就像是萃取出盤尼西林（Penicillin）的黴菌一樣。

某些排泄物是這些黴菌的代謝物，具有能夠抑制細菌生長的效果。後來的調查很快發現，生活在人體內的細菌的排泄物也會釋放到糞便和尿液中，因此當中富含抗生素物質。

若是我們主張埃及人才是是抗生素藥物的發現者，那也是有點言過其實。不過，抗生素研究確實導致讓人在面對先前所謂的「污物藥學」（sewerage pharmacology）時抱持一定的謹慎心情。

據推測，埃及人最初在「他們的處方中加入了糞便和尿液，是因為他們希望這些物質能夠驅除引起疾病的惡魔。沒想到隨後這些物質突然產生成功的治療效果——儘管在多數情況下可能只會造成傷害並產生新的感染」，因為埃及人並不知道它們的祕密力量。治療成功與否完全取決於機率。然而，就是在絕望的情況下，「穢物」能創造奇蹟。最終，埃及人開發出一種使用這些東西的方法。光是在古埃及醫學文獻《埃伯斯紙草文稿》（*Ebers Papyrus*）中就記錄有多達五十五個處方，其中糞便和尿液是重要的成分，可外用也可內服。（Thorwald 1963, 85-86）

人們不禁要問，使用貓糞（以及其他動物的糞便）當作治療藥物的靈感又是從何而來。也許可以這樣解釋，如果說穀倉裡儲存的穀物是諸神的賜予，老鼠又吃了這些穀物（這也被視為來自諸神的祝福），而貓又捕食了老鼠，那麼身兼醫師的祭司在一番類比思考後，便會得出這樣的結論：貓的任何部分都有治癒能力，包括其排泄物。

還不僅於此，對古埃及人來說，擁有柔軟的皮膚也是個重要的身體問題：

「為了讓一切變得柔軟」，他們製作出多種藥膏可供選擇，其中一種是由鮪魚肉和蜂蜜混合在甜啤酒酵母中而製成。另一種藥膏的顏色肯定比治療功效更重要，它結合了書寫墨汁、朱紅、山羊脂肪和蜂蜜以及其他幾種成分，這些成分肯定只是為了增加重量而添加的。另一個藥膏裡又出現了驢糞；這次是與鴉片酵母飲料、山羊脂肪、生菜、洋蔥、豆類和白油混合在一起。（Bryan 2021, 64-65）

有時則是病理原因，好比說「硬化」而無法保持皮膚柔軟度。在這類情況下，就必須先消除這種「硬化」：

豬脂肪
蠕蟲油
動物油
鼠油
貓油
混合在一起後，塗抹於傷處。（Bryan 2021, 64-65）

在燒傷方面則有很多治療方法：

如果時間充裕，還可以採取其他補救措施；例如，將接骨木漿果和紙莎草植物體混合在膠水中，施用在傷患處。或者，若是偏好乾藥：

另一種配方

一份蛋糕
貓毛
混合搗碎後，塗抹於傷患處。（Bryan 2021, 68-69）

關於乾性皮膚，我們讀到：

對於常見的皮屑，可以使用帶刺植物和又安（uan）樹的漿果，將其研磨在一起，加入女人的乳汁混合，過濾後喝上四天。一種更簡單但同樣令人愉悅的配方則是取等量的海鹽和啤酒，同樣必須服用四天。如果皮屑因「人的四肢硬化」而變得嚴重，則取用排泄物、貓糞、狗糞和香草植物的漿果製成膏劑形狀，勇敢地施用。「這能解決所有的皮屑問題」，抄寫員讓人安心地補上一句。人們虔誠地希望如此。（Bryan 2021, 90）

關於胃變硬，我們讀到：

排除腹部硬化：

棗子麵包

西瓜

貓糞

甜啤酒

葡萄酒

混合後將膏劑塗抹於其上。(Bryan 2021, 137)

預防禿頭的方法：

另一種給逐漸禿頭者的生髮劑：

獅子脂肪

河馬脂肪

鱷魚脂肪

貓脂肪

蛇脂肪

埃及山羊脂肪

混合後，塗擦在禿頭的頭上。(Bryan 2021, 153)

現在讓我們離開埃及到日本去一會兒。日本人對貓皮有個有趣的用途，會將其製作成一種叫做三味線（shamisen）的樂器，這是一種類似班卓琴（banjo）的樂器。這並不是一種創新或獨特的樂器製作方法。傳統的美式班卓琴是由山羊皮或小牛皮製成，摩洛哥辛提爾琴（sintir）則使用駱駝皮。

伸展的貓皮賦予這樂器共鳴和獨特的聲音。即使在現代日本，三味線依舊是由拉伸的貓皮製成的，這造成了某種困境。在現代日本，更多人將貓視為寵物，因此對殺死牠們來製作樂器的想法感到不滿。三味線的製造商嘗試了其他替代材料，從塑膠到袋鼠皮都有，但最後不得不承認只有貓皮才能賦予三味線獨特的聲音（Davisson 2021, 58-59）。

行文至此，希望讀者能夠重新思考貓是否有像神一樣受到崇拜。要獲得貓肉、貓脂肪、貓油或貓皮，人們需要殺死貓。沒有人會想拿神的皮來做班卓琴，或把神的油當化妝品。確實有將「眾神」作為食物的例子，例如在聖餐期間象徵性地食用歐西里斯的陰莖或基督的身體，但這些完全是不同的隱喻（Rush 2011, 2022）。此外，貓主要以老鼠等齧齒動物為食，了不起吃下一兩條蛇，這種食性不太可能累積多少脂肪。在處理完貓並剝皮後，人們會刮下任何明顯的脂肪，將其提煉成油。這是對待神靈的正確態度嗎？不，絕對不是。

第五章

人對貓的認同感及其靈性行為

我們對貓的認同，以及我們看待貓與其他動物和我們之間關係的方式，至少可以追溯到我們能夠清晰表達這些認同感的時代，甚至可能更早。當然，這必須與語言能力的緩慢發展一致，也就是將聲音和手勢轉化為有意義的句子和段落的過程。我們無法確定崇拜某種事物的概念是何時出現的，但這在遠古人類社會的演化中一定是相對較晚近的。沒錯，我們的古代祖先會敬畏閃電和大型動物的力量，但那還稱不上是崇拜。

洞穴藝術與薩滿教

許多人類學家認為，目前發現最早受人「崇拜」的一種動物是洞熊（*Ursus spelaeus*）。洞熊的圖象在法國蕭維洞穴（Chauvet）遺址（距今三萬二千年前）的岩洞壁畫中相當鮮明。然而，由於氣候變化，牠們的飲食來源因氣溫下降而短缺（這次並非罪孽深重的人類造成的），大約在兩萬四千年前滅絕了。[1]

在前文我曾將崇拜一詞定義為一種祈求行為，是向某位神祇臣服，並遵循其一切神諭。熊不太可能受到這樣的崇拜、跪拜或與之溝通，我們並未遵循熊的旨意。在我看來，熊並沒有受到崇拜，而是被當成一般所謂的薩滿型媒介（在這種情況下是非人類的媒介）——牠雖死但仍「活著」，用來與另一個世界溝通，勸說這些動物回到世間讓人類再飽餐一頓。當然，這些動物本身就是那一餐，但人類也做出了承諾——這些動物將受到尊敬和銘記，並以神聖的方式將牠們描繪在洞穴牆壁上，讓牠們的靈魂得以轉移其中，象徵牠們必將再度重生。大約在五萬年前，歐洲的現代人，就像年代比他們再早個幾千年前的尼安德塔人（Neanderthals）一樣，發現洞熊會在秋天進入洞穴後「死亡」（冬眠），然後在春天「重生」，通常還伴隨著新生。生、死和重生都在熊的生命週期中具象化了，這正是多數魔法宗教體系的核心要素。熊不是神，但熊的這些特徵——強而有力，能類似人用後腿站立，還會死而復生——凡此種種在人看來都是有靈性的，因為牠們能夠前往「另一邊」，去到另一個世界，而且能夠與那裡的力量溝通。若是我們說出適當的話語，再搭配儀式的舉行，甚至許下透過洞穴中的魔法圖像在我們世界獲得永生的承諾，也許就能使用或操縱這些力量。這些洞穴很可能有還其他用途，例如用於舉行成年儀式和其他儀式，也許還是某種形式的墓地（藉由繪製已故部落成員的動物形象圖騰），又或是當作星象參考等等。

不過洞熊已經滅絕了，不會再回來供我們一餐，只剩下古老的骨骸——這肯定對先人造成了心理危機：現在該如何再與彼世聯繫？這個問題在法國拉斯科（Lascaux）洞穴遺址（約兩萬兩千年前）和

1 作者註：有關氣候和滅絕的更多資料，請參考：Kurten 1976，此書內容豐富，不過當中數據有些過時。

三兄弟（Les Trois-Frères）洞穴遺址（一萬七千年前）得到了解答。當然，這些祖先不太可能因這些問題而持續困擾兩三千年，但現有資料尚不足以確切了解他們是如何應對這場轉變。我的看法是（純屬猜測）洞熊的滅絕是一個漸進過程，而那些曾主持儀式，或者冒險與冬眠的熊進行靈性交流的群體領袖，同樣逐步透過類比思維，承接了熊留下的位置。我們的祖先逐漸意識到自身的力量和靈性本質。在蕭維洞穴遺址中，發現了一顆擺放在方解石上的熊頭骨，那些方解石可能是從洞頂掉落，或者是由風化的石筍形成，周圍還有大約五十個其他熊頭骨。這顯示先人可能很少以活熊來進行這種與另一個世界的交流，儀式僅需要牠們身體的一部分作為媒介——在這個例子中，是以熊頭骨。基於某些原因，我們的祖先後來不再使用這些洞穴來舉行儀式，其中一點可能是因為氣候變化，以及人群逐漸分散到更南部的地區。大約六千年到八千年後（也就是距今兩萬年到兩萬兩千年前），一個新的文化群體遷入這個地區，他們如今被稱為索魯特人（Solutreans）——至於他們如何自稱，我們不得而知。在拉斯科和三兄弟洞穴遺址中，我們看到了人類連接此世與彼世管道的第一份證據。這些圖像描繪的是人類形體，但卻展現出動物特徵，例如拉斯科洞穴中出現的一隻鳥（也許是古埃及神祇中的托特或荷魯斯？）以及三兄弟洞穴的複合式動物圖像，包含了紅鹿的鹿角、狼的耳朵和尾巴、貓頭鷹的臉、人類的身體和腿，以及雄性貓科動物的生殖器。那時候的人類不太可能會吃狼和貓科動物的肉，牠們分別代表生命（貓科動物的生殖器）和死亡（狼），作為食物的紅鹿鹿角則代表月亮，因為鹿角會脫落並再生，就像月的陰晴圓缺。而貓頭鷹這類夜行性的掠食動物很可能代表著冥界。在這裡，我們同樣也無法確定這些象徵是否真能代表古人的思維，但透過與現代文化群體的比較，我們或許可直覺地感受到其間的相似處。

拉斯科的壁畫似乎與宇宙學關聯密切，雖然我們無從得知古人是否有為那些明顯的星團命名，但那位鳥頭薩滿（或許因服用改變心智的致幻劑後產生飛行感？）位於野牛（金牛座）左側，並且處於現代宇宙學中獅子座的上方（Rappenglueck 2009）。在後文我會談論更多關於貓和宇宙學的內容。無論如何，薩滿周圍環繞著各種動物，這些可能是古人的黃道十二宮的象徵圖案，這使他成為掌控動物，甚至宇宙的主人（Magli 2009, 9-12）。

相較之下，三兄弟洞穴中的「魔法師」則是藉由穿戴動物的特徵而化身為動物，這就好比近代那些披上豹皮的酋長和薩滿。這裡需要記住一點，在這些古代祖先眼中，他們所獵食的動物與他們自身之間，很可能並無太大的區別。將人類與自然劃分為二的觀念——即視自然為與人類相異、甚至腐敗的存在——還要數千年後才會出現。一神信仰傳統傾向將自然描繪成獨立、低等，甚至邪惡的，以此來「淨化」自身，擺脫多神教——當然，他們永遠無法做到這一點。正如基督教神職人員所評論的，我們聽聞「自然宗教」是低等且毫無哲學內涵的。然而當我們認真思索，除了大自然，還有什麼比它更值得崇敬拜的呢？

我最近向一位聖像藝術家請教薩滿和異教傳統在基督教藝術中的角色，她向我推薦了一位牧師，這是他於二〇〇九年一月十三日所發表的評論：

將薩滿與基督教藝術作類比，就顯得有些牽強。世人認為薩滿是因其個人的轉化經驗獲得影響自然秩序的力量，並進而擁有特殊知識，以及隨之而來的「神奇」能力。當然，他們關心自然秩序（聖像畫家也很關心），但他們的信仰屬於萬物有靈的泛靈論，而不是源自於高度發展（受到文明和哲學影響）的宗教。他們之所以令人敬畏，是因其具備超凡脫俗的力量以及操縱自然的潛能，甚至被視為危險人物。相較之下，聖像畫家則是謙卑、通常是默默無名的僕人，致力於與上帝的恩典合作，並使用來自「被救贖的創造物」的材料進行創作。（Rush 2011, 281-82；重點部分由筆者添加）

英國聖公會牧師對薩滿的這番詮釋暗示，基督教是哲學性的宗教，與文明人緊密相連，而薩滿信仰則不然；這種觀點無疑忽略了教會本身那卑微的起源。

將熊視為兩個世界之間的媒介，這表示早期人類對熊以及其他動物特徵有著一種密切的認同感。一個例子是一九三九年在德國的霍倫斯坦岩棚（Hohlenstein-Stadel）發現的獅人（*Löwenmensch*）雕像，可追溯到三十五萬年到四萬年前（Cook 2017）。雖然我們不知道這尊人獸混合雕像的具體意涵，但這看似呈現一個人擁有獅子的特徵，例如其力量，又或者可以更廣泛地說，它可能代表某個氏族的身分。這也可能只是為孩子雕刻的玩具。無論如何，就跟熊的情況一樣，這些表現手法捕捉到的是動物的象徵性質，而不是對動物本身的崇拜。

這些古代洞穴畫家，很可能本身就是薩滿，並可能將這些洞穴視為通往地下世界的門戶——現代人類顯然並沒有生活在這些危險的洞穴中，儘管尼安德塔人曾在其中一些洞穴中生活過，並埋葬死者。我們無從確知這些古人如何看待死亡，也不知道地下世界是否重要，但我們沒有發現古人對於死後審判的想法。這些洞穴最終被遺棄，數千年後，我們在數千里外的撒瑪利亞（Samaria），開始看到用楔形文字記載關於冥界的描述。對蘇美人來說，那就是死後的歸宿，在多數情況下既非天堂也非地獄——既不善也不惡。不過至少從我們對法國梭魯特遺址文化（Solutrean）圖像的詮釋來看，有些觀念暗示靈魂會前往其他地方，這在蘇美形上學中並沒有出現。這些對冥界的樸素觀念，反映出當時農民的艱苦生活，他們對死後並不抱有任何解脫的希望。靠土地謀生是一項艱鉅的任務，充滿了挫折，得面對乾旱、風、蟲害和雨水。如今，人們可以領取福利支票，去雜貨店購物，但對於那些公元前三千年的遠古祖先來說，如果不工作、不努力，就沒有飯吃。可想而知我們的祖先活得有多艱辛。一如所料他們的預期壽命相當短，女性的平均壽命可能在二十五到二十七歲之間，男性的平均壽命大約是三十到三十五歲。

然而，直到近代[2]，人們才出現「壞人死後會下地獄」的觀念。

關於貓的紀錄和早期概念

圖像可以透露出關於一個主題的許多訊息，而文字則有助於填補細節。古代蘇美人將冥界視為地下深處黑暗、潮濕的洞穴，只能靠尚在人間的親戚提供食糧，因此他們會留下食物並將水倒在墓地上方的土地上。在幾個世代之後，這些死者逐漸被遺忘，最終成為後來美索不達米亞神話中的餓鬼、幽靈或惡魔。在這裡，我們看到這些人對掠食性貓科動物的恐懼從潛意識中浮現出來，只不過現在是在牠們身上展現出人類的特徵，這可能是圍繞著獅人信仰擴張延伸而來。對人來說，世界上最危險的動物是另一個人；人類可以是怪物。回想一下希特勒或史達林——在我寫這篇文章時，可以想出一長串目前正在折磨和屠殺無辜人民的精英階級名單。

在美索不達米亞傳統中，有聽過 *lilītu* 一詞被借用到希伯來傳統中，稱為莉莉絲（Lilith）。以下內容取自猶太虛擬圖書館（Jewish Virtual Library）的這一詞條：

在海因・維塔爾（Hayyim Vital）的著作《文集》（*Sefer ha-Likkutim* [1913], 6b）中，莉莉絲有時會以貓、鵝或其他生物的形體出現在人面前，她的力量強大，能夠掌控一個男嬰長達八天，女嬰則為二十天，這是根據中世紀時期一份講述希伯來先知本司拉生平的佚名文獻《本司拉的知識》（*Alphabet of Ben Sira*）中的記載，但其實分別是四十天和六十天。由於卡巴拉體系——與猶太哲學有關的思想，用以解釋永恆的造物主與有限宇宙之間的關係——受占星學的影響，莉莉絲與土星有關，而且所有具有憂鬱性格（黑色幽默）的人都是她的子嗣（Zohar, Raaya Meheimna III, 227b）。從十六世紀開始，人們普遍認為，如果嬰兒在睡夢中發笑，就表示莉莉絲正在和他玩耍，因此建議這時要輕拍他的鼻子，以消除危險。（H. Vital, *Sefer ha-Likkutim* 1913）, 78c; *Emek ha-Melekh*, 130b）

源於公元前二世紀至公元五世紀的的《塔木德》（*Talmud*）記錄著猶太教律法、條例和傳統，當中多次提到貓。這本猶太律法書宣稱貓具有神奇的力量，特別是能夠看到惡魔的能力。若是燒掉母貓第一胎的胎盤，將少量燒盡的粉末放入眼睛，就可以借用這種能力，看到惡魔。在一個希伯來傳說中，

2 作者註：欲了解現代地獄概念的演變，請參見：Bernstein 1993。

上帝問一隻貓是如何覓食的，貓回答道：「我每天的麵包來自一個心不在焉的女人，她總是忘了把廚房門關上。」

這隻貓也與亞當的第一任妻子莉莉絲有關。莉莉絲想要與亞當平等的地位，但遭到拒絕，因此她在紅海底部定居，晚上她會出來戲弄熟睡的男性，並帶來惡魔。在西班牙，莉莉絲被稱為布羅莎（La Broosha），傳說她會在夜間前來吸光孩童的血，造成他們死亡；因此絕對不可以將剛出生的寶寶單獨擺著。還有一個故事，有個護士讓母親和嬰兒各自一人在病房裡，結果母親夢見一隻黑貓進入臥室，把孩子叼起來，並把嬰兒扔出窗外給另一隻貓。護士驚恐地意識到這不是夢，因為她望向窗外時看到一隻貓嘴裡叼著嬰兒，穿過附近的田野（Vocelle 2013）。

猶太傳統中的這類故事展現出人對貓有一些矛盾心理，而對狗則有很多蔑視，儘管狗對人來說是有用途的。在《舊約》中經常會提到獅子，這些內容我們稍後會討論，不過這當中並沒有提到家貓，而且，就算古埃及人認為家貓很有用（在醫學和保護儲存的穀物方面，詳見第四章），這顯然並沒有影響到那些——很可能是阿肯那頓（Akhenaten）或其兄圖特摩斯（Thutmose）的追隨者——最終到達迦南這塊應許之地，並成為日後我們熟知的以色列人族群（Schwartz 2014）。

藝術家、作家帕德瓦爾（Podwal 2021, 38）對此的評論是：

在《猶太法典》（Shulehan Arukh）中的第一條法律，旨在指導猶太人民生活的各個方面，當中要求：像獅子一樣在早晨起來服務你的創造者（1:1）。在《塔木德》中獅子被封為百獸之王（Chagigah 13b），是權威、力量、勇敢和威嚴的象徵。在《希伯來聖經》中，提到這隻尊貴野獸的次數過百，其中許多是隱喻。將其比擬為猶大的部族、大衛王、以色列、聖殿，甚至上帝。先知以賽亞說：「就像獅子一樣……萬軍之耶和華也必降臨在錫安山岡上爭戰。」（31:4）。

獅子也是黃道帶上的第五個星座（獅子座），對應於希伯來文中的第五個月（Av.）。十三世紀的《西緬選集》（*Yalkut Shimoni*）記載著，獅子[3]在獅子月（Av）到來，並摧毀獅子（神廟）。

據說在《塔木德》中記載著，羅馬皇帝將約書亞．本．哈拿尼雅拉比（Rabbi Joshua ben Hananiah）召至皇宮，對他說：「在你們的經文中，將你們的神比作獅子。但眾所周知，一個大力士是可以殺死獅子的。這樣看來，你們的神也沒有多強大吧？」約書亞拉比回應說，經文中的獅子不是普通獅子，而是伊萊（Ilai）森林的獅子。皇帝要求見見那頭獅子，於是約書亞拉比開始祈禱——獅子便從牠的巢穴中出來了。當獅子距離六七百公里時，牠開始咆哮。羅馬所有的孕婦被這可怕的聲音嚇

3 作者註：在《耶利米書》中稱尼布甲尼撒（Nebuchadnezzar）為獅子。

壞，全都流產了，羅馬的城牆也倒塌了。當獅子距離四五百公里遠時，再次咆哮。這時羅馬公民的牙齒全部脫落，而皇帝從寶座上跌落。皇帝趕緊趕到約書亞拉比的家中，說道：「之前我請你祈禱，讓我能看到伊萊森林的獅子。現在我請求你祈禱我永遠不會見到牠，讓牠回到牠的森林。」（Chullin 58b）。於是約書亞拉比再次祈禱。伊萊森林的獅子回到了牠的巢穴——從此世人希望牠永遠不會再出現。

《革馬拉》（Gemara）[4]中提到昔日的智者為了在遇到非凡景象時制定出需要誦念的特殊祝福，經過獅子坑的人可以背誦「當頌讚那位在此為我們的祖先施行奇蹟的主」（Talmud, Berakhot 54a），以紀念但以理奇蹟般地毫髮無傷從獅子坑中脫困。

如前所述，在《舊約》和《新約聖經》的經文中有許多地方提到獅子。一個著名的故事是「參孫和大利拉」（Samson and Delilah），也許參孫就是上文提到的那位大力士。故事（《士師記》，13-14，新國際版）中提到，參孫的母親——馬諾亞（Manoah）之妻子——無法生育，就像亞伯拉罕（Abrahams）的妻子撒拉（Sarah）一樣。上帝成就此事，並預言參孫將成為「耶和華的手」，直到他死去。參孫順利出生，後來遇見一位名叫大利拉的非利士（Philistines）女子，並瘋狂與她墜入愛河（喔不！千萬不要是非利士人！當時非利士人統治以色列，可想而知彼此存在敵意）。他和父母前去拜訪未來的親家，在回程路上，一頭年輕的獅子竄了出來（我到今天都還記得在一九四九年的電影《參孫與大利拉中》

中，好萊塢知名演員維克多・邁徹〔Victor Mature〕毆打一頭被下藥的可憐獅子的畫面）。參孫殺死了獅子，過了一段日子，他前去迎娶大利拉，途中他順道去查看了那頭死獅子，見死獅子體內有蜜蜂和蜂蜜，就用手取了一些蜂蜜和蜂巢，在前往婚宴的路上當作點心享用。他與大利拉成婚後，與非利士人一同飲酒作樂，這時參孫講了一道謎語，並提出以三十件亞麻衣服當作賭注——如果非利士人猜不出來，那麼他們必須給參孫三十件亞麻衣服，若猜出來，則是參孫給他們。

食物出自食者，甜物出自強者。

（士師記14:14，新國際版）

故事到這裡進入女性誘惑能力的段落——有點像夏娃誘惑亞當的情節：大利拉哄騙參孫為她解答謎語，並趁機剪短了他的頭髮（許多文化都認為頭髮具有神奇的力量），讓他失去力量，最終，參孫遭到背叛並被弄瞎雙眼，因為他已經沒有力量保護自己（順帶一提，如果男人沒有內建易受誘惑的基

4 編註：《塔木德》內容包含《米實拿》（Mishnah）及《革馬拉》，《米實拿》是猶太口傳律法的文字編撰整理，完成於公元約二〇〇年。而《革馬拉》則是延伸作為解釋《米實拿》律法的解釋與討論，共有六十三冊。

因，那大利拉也不會具備誘惑的能力）。

參森神奇的頭髮後來重新長了回來。他摧毀了非利士人的聖殿，許多非利士人死去，而上帝也因此感到喜悅。這故事到底在說什麼？特別是關於獅子的部分？獅子代表著顯而易見的特質：力量和權力。但上帝也賦予參孫一種更強大的力量——超越包括獅子在內的所有動物的力量，這讓參孫某種程度上成為類似薩滿的人物。獅子肯定會吃掉你，正如獅子最初對參孫的攻擊行為所象徵的。當然，也有些基督徒曾被扔到獅子坑中，與許多其他罪犯和無辜者遭受同樣的命運。獅子同時也是太陽的象徵——就像太陽撲向月亮，獅子撲向公牛，隨後太陽再度升起，展開新的一天。其最初的含義指向上帝（太陽）的一種特質，即強大，甚至可能還帶著憤怒。殺死獅子，在此只是暗示著參孫最終將利用上帝的力量。在這種情況下，殺死獅子象徵著摧毀非利士人的大衮神廟（Temple of Dagon），神廟位於拉斯沙姆拉（Ras Shamra），那裡的大門便是由兩座巨大的獅子雕像鎮守。

參孫的故事還有另一層含義，這與蜜蜂和蜂蜜以及那些會改變心智的物質有關。宗教與神話研究學者魯克（Ruck et al. 2007, 302）曾將「蜂蜜酒」（mead，不一定是蜂蜜製成的發酵飲料）、蜜蜂、蜂蜜和致醉物質進行比較：

> 因此，毫無疑問，蜜蜂現象及其令人沉醉的蜂蜜，是一種普世的原型（archetype）。蜜蜂被

視為靈魂和眾神的使者；蜂群代表著神的存在，牠們的嗡嗡聲描述了與神靈交流的狂喜；偷竊蜂巢象徵登上宇宙軸心，並體驗熊類冬眠般的薩滿恍惚狀態；而蜂巢本身即是聖餐的隱喻。

根據魯克的說法，這裡的神聖食物是毒蠅傘菇，即所謂的「神聖蘑菇」。話雖如此，獅子也與復活有關：

> 獅子睡覺時眼睛仍是睜開的，會觀察四周。睜眼而眠的獅子代表十字架上的基督；其身體在死亡中沉睡，但他的神性卻仍在天父右邊守望。第二個特點是，幼獅出生時是死的，但在三天後，當父獅對著幼獅的臉吹氣（有些說法是咆哮）時，牠就復活了。這象徵基督在墳墓裡三天，之後天父使他復活。（Badke 2004）

我們也在《以賽亞書》11:6-9（新國際版）中找到：

> 豺狼必與綿羊羔同居，
> 豹子與山羊羔同臥；

少壯獅子與牛犢並肥畜同群；
小孩子要牽引他們。
牛必與熊同食；
牛犢必與小熊同臥；
獅子必吃草，與牛一樣。
吃奶的孩子必玩耍在虺蛇的洞口；
斷奶的嬰兒必按手在毒蛇的穴上。
在我聖山的遍處，
這一切都不傷人，不害物；
因為認識耶和華的知識要充滿遍地，
好像水充滿洋海一般。

這段話又是什麼意思呢？這裡指的是天堂、樂園和伊甸園。在伊甸園，一切與虛無同時發生，也同時什麼都沒發生，而且那裡不存在時間——這是量子物理學中波函數的一個特徵（見第七章）。夏娃，我們的主角，她罔顧神的命令，認為知識樹對人類有好處，並吃下果實（順帶一提，那其實是一朵蘑菇，參見Rush 2022），她醒來後，與亞當一起被逐出伊甸園，「以免他們變得像我們一樣」，儘管經文中說，他們遭到驅逐的原因是違背了上帝的旨意。然而，在伊甸園中獲得的任何知識都沒有用處；只有離開伊甸園，進入時間之場，知識才會變得有意義。在量子物理學中，伊甸園可視為波函數，一旦被觀測（身處在伊甸園之外），物理世界就會發揮作用。宇宙的所有知識都存在波函數中，但只有生命體在時間之場中觀測它時，這些知識才是有用的，或派得上用場。在《聖經》的敘事中，知識是透過知識樹的「果實」來取得，而這發生在他們離開伊甸園之後。因此，如果生命要在上帝創造的宇宙中運作，祂就必須讓亞當和夏娃離開伊甸園，而知識樹的「果實」正是讓他們有機會重返伊甸園的一種方式。

讓我們再談回獅子和羔羊的意象，獅子或豹會吃掉羔羊和小孩，但此時此刻不會，因為什麼事都沒有發生。在伊甸園裡，時間是靜止的（因為沒有時間），那裡沒有善，沒有惡；只有以代碼形式存在的大量資訊。善與惡的這種二元性，只有在離開伊甸園並進入生命之域（時間）後才會存在，這是夏娃為我們所做的選擇，從那時起，她就因背棄上帝選擇了知識而受到譴責。在我們演化的某個階段，我們醒悟過來，意識到雖然我們是自然的一部分，但我們能退一步，欣賞這當中的善與惡、美與醜。某種意義上，我們成為了神。在《聖經》的伊甸園裡，這種事不可能發生，除非你違反律法，吃下「果實」，跳進迷霧之中。在伊甸園裡，我們只能與眾神相似；但在時間之場裡，我們可以成為神——透過進入波函數，從中提取資訊，然後再返回來實現這一點。

故事繼續下去，亞當生了第三個兒子賽特（Seth），取代已被兄長該隱所殺的亞伯。值得注意的是，許多諾斯底派（Gnostic）[5]團體在回溯其靈性譜系時，都會將源頭連結至賽特。當亞當即將踏上遙遠的天國之際，他把塞特召來自己身邊，囑咐他前往伊甸園，從生命之樹的果實中取三粒種子（這既象徵永生也象徵知識，因為這兩者皆代表著生命）。但這說來容易做起來可是相當困難。若你有上過主日學，可能還記得，在亞當和夏娃被驅逐出去後，上帝派了一位手持巨刃的熾天使駐守在樂園門口。當塞特抵達大門時，他獲得允許進入；顯然，在這個原始故事中，只有亞當和夏娃被禁止入園。不過，進去需要付出代價，熾天使會用火對他施洗（也許指的是是蘑菇？）。賽特穿過大門，跨越熾天使的火焰，立刻被眼前的景象與聲音所吸引——每片葉子、每根草、每塊岩石及每泓池水都流淌著色彩和旋律。最終，賽特找到了這棵樹，樹形如角，散發著紅光，樹枝與地面都結滿了帶有斑點的果實。他想起父親的叮囑，不要因為這裡的「美景」而多做逗留。然後那隻蛇來了，在經過長時間的沉睡後甦醒，睜開一隻眼睛，沿著尾巴挺起身子，跟著賽特的腳步走向那棵樹。「你可以拿走最大的，不要惹麻煩，其餘的就留下。」蛇說。賽特轉身沿著原路折返，而蛇則再度閉上眼睛，微笑著進入另一場漫長而深沉的睡眠。賽特這時加快了步伐，因為他意識到伊甸園是一個「暫停」，是時間中的時間，是獅子與羔羊同眠之地。逗留太久會使人陷入無盡的虛無之中，一旦返回，會發現時間已經過去了很久。

賽特回到樹林，發現亞當已經安息，他將果實放入亞當的嘴裡，並將他埋在樹林中央。多年過去後，亞當的墳墓上長出了三棵黎巴嫩雪松，各各他（Golgotha）的三具十字架就是用這些雪松製作而成，那裡正是日後基督被釘死的受難處（Rush 2022, 272-73）。

在第七章我會談論更多關於量子物理學、夢（貓和人）以及波函數的內容。

在希臘羅馬文化中，有一種名為奇美拉（chimera）的嵌合體怪獸，牠代表的是幻覺和幻想，是由多種生物的不同部位組合而成，是神祕和危險的象徵。這種野獸也跟火山等險惡之地有關。

奇美拉是希臘神話中最可怕的怪物之一。據說牠是雌性的，儘管多半被描繪為長著如雄獅般的鬃毛。在英文中，「嵌合」（chimerical）一詞之後就用來形容將截然不同的事物以難以置信的方式組合起來。在大多數的經典文本中，都將這種像獅子一樣的怪物描繪成長有三顆頭，除了獅頭之外，背部中間長出一顆山羊頭，尾巴末端則長著蛇頭。然而，在目前已知最早的描述，古希臘詩人荷馬所著的長詩《伊里亞德》（*Iliad*）中，奇美拉只有一顆頭。詩中描寫，她有獅子的前半身、母山羊的後半身和蛇的尾巴。在所有的文本中都提到奇美拉會噴火，而且幾乎不可能被擊敗。

5 編註：又稱為靈知派，是一種強調內在靈性覺醒與神秘知識（gnosis）以脫離物質世界、回歸神聖源頭的古代宗教思想。他們認為伊甸園中的知識樹帶來了靈性覺醒，而蛇則是傳遞智慧的使者。

在《伊里亞德》中，洛巴特（Lobates）國王想要除掉一位名叫柏勒洛豐（Bellerophon）的年輕人，於是下令派他去殺死奇美拉。但柏勒洛豐很聰明，他並沒有像面對普通敵人一樣來對付這頭野獸。他去求取神諭，然後馴服了傳說中的天馬佩加索斯（Pegasus）。靠著天馬的協助，柏勒洛豐得以將長矛投進奇美拉的喉嚨。鉛矛在怪物的火喉中融化，封住了她的氣管，最後殺死了她。這場史詩般的戰鬥據說發生在安納托利亞（Anatolia）的利西亞（Lycia）的一座火山上。當時羅馬人稱這座火山為奇美拉山。羅馬學者塞維烏斯（Servius）推測這座火山本身便是這隻怪獸。他寫道，其頂部附近有獅子，中間有山羊，底部有蛇。這座火山是虛構的，不過現在推測靈感可能是來自利西亞地區的天然氣噴口亞納塔斯（Yanarta）（Frigiola 2019, 53-54）。

在基督教藝術中也可見到獅子的身影。獅子象徵著福音書作者聖馬可（St. Mark），與人、牛和鷹並列。這四種形象其實來自古埃及新王國時期（1600-1050 BCE）用來盛裝木乃伊各別內臟的卡諾卜罈（canopic jar，又譯卡諾皮克罐），這些罈罐的蓋子刻有代表荷魯斯四個兒子的頭部形象，分別放置在墓穴的四個方位，用以守護亡者。當天主教會建構其宗教敘事體系時，便借用了這四位神祇的意象，轉化為馬太、馬可、路加和約翰四位福音書作者。而其中，獅子象徵著馬可那超越塵世的神聖狀態——捕捉永恆真理（即「話語」）的力量。

然而，在《凱蘭經》（Book of Kells，或譯《凱爾書卷》）中，我們讀到象徵「其他意涵」的獅子：

《凱爾經》是基督教僧侶於公元八百年左右在愛爾蘭抄寫的手稿，不過這部經文的年代從六世紀一路跨越到九世紀。這份手稿現在位於愛爾蘭都柏林的三一學院，過去有好幾個世紀是存放在愛爾蘭希思郡的凱爾修道院。經文當中包括有《新約福音書》，而且可明顯看出耶穌兼具人和神的特點。《凱爾經》中附有華麗的設計圖解，這些傑出藝術品輕易掩蓋住這份神祕。在當中可以看到旋轉扭動的蛇和神祕的怪物，意謂另一個世界可能是個危險的地方。插圖中也顯示出人物的面部表情，暗示著人陷於恍惚或深深的沉思中。經文一共有三百四十張對開頁，裝訂成四卷。

（Rush 2022, 176-77）

前面提到的獅子可以在《凱爾經》的第二十九對開頁的右頁找到：

另一個我很喜歡的例子來自《馬太福音》第一章，第二十九對開頁的右頁（圖版2、25），這是一張基督的家譜表，顯示其譜系關係。請注意，在頁面頂端中間、馬太右側位置有一隻獅子。牠頂著蘑菇狀的光環，並以此形式領受聖餐（Eucharist）；聖餐代表基督的身體，而基督和／或耶穌就是那朵蘑菇。我曾聽聞這頭獅子其實是怪獸，但怪獸如果領受了聖菌，只會孕育出更多的怪獸——怪獸的心智狀態，並無法孕育出耶穌。如果仔細觀察，可以發現這頭獅子的光環是由一個帶有紅色和白色斑點的圓圈所組成。這可能是《啟示錄》中提到的那頭獅子，而牠所領受的聖餐，則是第七印。七印中的每一印，可能都對應一種儀式，並暗示著一種物質及其適當劑量。

（Rush 2022, 181）

貓和義大利女巫

再回到前述與猶太信仰有關的莉莉絲傳聞，我曾經針對多倫多義大利社群中盛行的魔法和巫術信仰，進行了一項長期研究，並在一九七〇年代初期發表了一些研究論文。[6] 義大利的形上學有過一段漫長的發展期，其建構可以追溯到基督教出現前的數百年甚至數千年，這種複合傳統的元素在凱爾特人、伊特魯里亞人、希臘人和中東的神話和敘事中都可看到。

義大利南部的貧窮環境，使得這種信仰得以維持，並與天主教義融合在一起，因為不管是在過去還是當時，民眾都對掌權者抱持著極大的疑慮。除了獸醫，或許還有家族中的醫學院學生，當地人大多避開醫療體系。從分娩到身體疾病和詛咒等大多數的醫療問題，都是由法圖奇拉（*fattuchiera*，在義大利北部稱為法師〔magi〕），也就是俗稱的女巫來處理。雖然有與之相對應的男性接骨師（*conciaossa*），但我的研究並沒有找到任何相關資訊。在前去羅馬訪查的期間，我們注意到街上的診所和醫院並不顯眼；倒是常看到草藥店，店裡都是知識淵博的草藥師。我們也留意到，在那裡不太會看到在美國常見坐著輪椅的行動不便人士。問及何以如此時，他們只是回答道：「我們看不起醫生。」他們沒錢就醫。這樣讀者可以了解義大利南部的貧困狀況，以及保持古老傳統的必要性；因為他們負擔不了醫藥費。

義大利文中的 *fattuchiera* 這個字與另一個名詞 *fattura*（詛咒）有關，因為過去他們認為許多疾病和事故是因為遭到詛咒的緣故，其中最主要是來自「邪眼」（*malocchio*）或僅僅是「眼光」。人的力量很強大，任何人都可以施加詛咒，尤其是透過嫉妒。在言談間就可以傳達出嫉妒，例如：「多麼漂亮的孩子啊！」若是最後沒有加上一句「*Dio benedict*」（願上帝保佑），就等於是在嫉妒此人，對其施加詛咒。陌生人對他人或其財產嫉妒尤其麻煩，因為那個人可能是女巫。女巫通常透過詛咒和觸摸來傷害和殺人，而狼人（早在現代電影的影響之前，義大利文化中就已經有這一強烈象徵）則是以暴力方式來殺害人類。人類天生具有形成小團體的本性，這讓我們對外來者、陌生人和過去時代的「貓」產生疑心。陌生人是難以預料的；當周遭有陌生人時，我們的行為會發生變化，這是理所當然的。在我

6 作者註：欲知更多相關資訊，請參閱我的書 *Witchcraft and Sorcery: An Anthropological Perspective of the Occult*（1974）。

們的基因中也編寫了欺騙的編碼[7]，這通常透過言語和肢體語言來進行。大家都知道人會說謊，抱持著這樣的投射心理，便會懷疑外人。

繼續講回前面提到的多倫多故事，在二十世紀初，多倫多地區需要石匠，這份徵工需求傳遍全世界。吸引許多義大利南部的男性前來，他們移居到多倫多，找到工作後便融入了當地主流文化。大約一年後，他們會把妻子、孩子等家人接來。這些男性出於需求，學習了英語和許多當地習俗，其中也包括醫療習慣。而女性被接來後，生活範圍就局限在「小義大利」社區，而孩子們必須去上學。就和這批男性一樣，孩子們在兩個世界都有立足點。年長的婦女則活在她們的傳統裡，有時這些信仰和習俗也會傳給她們的女兒。在移民到多倫多後，由於當地的法律限制，女巫的行動受限，因此大量的資訊遺失了，未能傳承給下一代。我在那裡只接觸到原始信仰和實踐的一小部分。

在多倫多的義大利社群中有兩種類型的巫師：好巫師，他們使用傳統的治療方法；以及壞巫師，他們隱姓埋名，做一些如施咒語的惡行。然後還有女巫，根據民間傳說，她們跟隨好巫師從舊世界來到多倫多，並且幫助阻止或消除特定巫師的邪惡行為（顯然狼人也在此之列）。跟壞巫師一樣，沒有人知道女巫的真實身分，不過在多倫多，與他們生長的義大利小村莊不同，這些移民此時已被陌生人包圍，其中許多人同樣是義大利人。因此會流傳出一些說法，好比是勸告大家避開穿著黑衣（喪服）的老婦人，因為她可能是女巫所偽裝的。這很可能就是女巫會穿黑衣服的起源。

相傳女巫能夠在碰觸時傷害或殺人，不過當時認為她們也會變形，通常是化身為老鼠或貓的形態來完成大部分的骯髒勾當，其中貓是最普遍的。就像猶太傳統一樣，這裡也強調永遠不可以單獨留下嬰兒。我聽過很多傳聞，說貓會跳進嬰兒車咬嬰兒，或是去舔嬰兒嘴唇上殘留的奶，造成孩子窒息；當時的人在面對嬰兒猝死症（Sudden Infant Death Syndrome, SIDS）時需要一個解釋，而貓就是個很方便的理由。要釐清哪些傳言來自關於貓的古老信仰，哪些來自天主教會所助長的，實在相當困難，不過總之離黑貓遠一點，免得碰上變身的女巫。中世紀歐洲的獵巫狂熱，無疑助長並強化了義大利治療師對黑貓的各種負面古老信念。不過，這故事還有另外一面。

當巫師本人生病時，又該如何解釋呢？畢竟他們理當能夠治癒自己。這時便把女巫拉了進來，就像現在我們把疾病歸咎於那些看不到的現代「女巫」——癌症、細菌和病毒（例如COVID-19及其變種）一樣。在一九七〇年五月十八日，我曾有幸能夠私下訪談一位非常著名的女巫，據她所言，她非常擅長消災解厄，破解詛咒，然而當她遇到向她下咒的女巫時，卻無法破解：

7 作者註：貓、狗、鳥和其他動物也會欺騙；更多關於這方面的資訊，請參閱我的書《臨床人類學：人類學概念在臨床環境中的應用》（*Clinical Anthropology: An Application of Anthropological Concepts with Clinical Settings*, 1996）。

來自人們邪眼的詛咒，有時是在無意間造成的，這些很容易解除。但女巫的詛咒，她擁有我所沒有的力量。她屬於另一邊；我只能前去參訪。她生來邪惡。我得罪了其中一位。她常常在我的夢中出現，威脅我，而且夢裡總是有一隻貓，那是她的同伴，她的替身。當我來到多倫多時，我以為一切都結束了，但她卻跟著我。我們的靈在夢中交會，我夢見自己掉進一個峽谷，那是靠近海邊的陌生地方，我聽到了一個聲音說：「*Ti ho Trovato*」（我找到你了）；那是她。她知道我的名字，但我不知道她的。我叫她「大鼻子」（Nasone），但那不是她的名字。總之我被大鼻子詛咒了。

梅伊（化名）在我訪談後一年因肝臟衰竭去世，我是她葬禮上的護柩者之一。那是悲傷的一天，因為她幫助了許多親戚；她從不拒絕任何人。在第六章我會再談更多關於靈魂在夢中交會之事。

總之，義大利女巫（*strega*）就好比會變形的莉莉絲，會展現破壞的力量，其中之一便是趁兒童熟睡時將其殺害；一些研究者也將莉莉絲描繪為地獄女皇。

在公元前三千五百年到公元前一千年的的某個古代時期，從蘇美人過度到亞述人之際，地下世界，或稱冥界，成了一個審判場所、一種維持社會習俗的方法或威脅。為什麼更早期的蘇美人並不認為有個最後要進行審判的地獄，對此我感到很困惑，因為古埃及人所講的地下世界確實是個會進行審判的地獄，這點在公元前兩千四百年左右印刻在烏納斯金字塔上的文本中可以看到，可見這樣的想法也許在這之前的數百年就出現了。

總之，冥界成了審判之地。在陽世做了惡事，就必須在地獄中忍受同樣的惡行，這是天國的威脅。以古埃及為例，前面提過，在進入死後世界[8]前得面對審判，但若是進行適當的儀式，就可以穿越這世界，這儀式有點類似天主教為亡者舉行的最後儀式，只是要複雜得多。在古埃及的死後世界中，貓扮演著看守上層世界和下層世界大門的角色，主要是以獅子為象徵，鎮守兩界——上埃及和下埃及，陽世和冥界。

力量是貓的一大特性，在很大程度上這源自於牠們的身體特徵，我們的祖先正是根據這些身體特徵來發想，將貓與靈界連結起來。也由於欽佩這種力量，人類也想要將其據為己有，因此會以象徵的手法來達成，好比是使用動物牙齒（將其製作成石器或珠寶）、動物毛皮，用於氏族名稱，或是在洞穴牆壁上繪圖。將人類的特徵投射在動物身上，就是人類學家所謂的擬人化（anthropomorphism），諸如大家熟知的卡通角色：老鼠（米老鼠）、狗（高飛狗）、郊狼（大野狼）、兔子（兔寶寶）、貓（傻大貓和加菲貓）等等。多年來，人類學家和其他學者被警告，將人類特徵投射在非人類動物身上是不科

8 作者註：在埃及，對死後世界有許多稱號：Duat、Tuat、Tuaut、Amenti、Amenthes、Akert 和 Neter-khertet（Rush 2007）。

學的。但我不同意這種說法。所有動物都共享相同的基本神經結構（參見蘇賓〔Neil Shubin〕於美國公共電視網的系列節目 *Your Inner Fish*，或Shubin 2020），基於本書的主題，我會把這方面的討論限制在哺乳動物內。你養的貓狗與我們具有相同的基本神經結構，儘管大腦皮質區（灰質）大幅減少。不過邊緣系統和相關結構非常相似，因此，我們可以預期牠們具有與人相似的情緒以及與情緒相關的基本行為。此外，貓擁有對光十分敏感的松果體，人類、家犬和其他哺乳動物也是如此；這被認為是「第三隻眼」，正如同印度教傳統中，象徵生命、死亡和重生三位一體的毀滅之神濕婆神（Shiva）額頭上的眼睛。因此，若是認為哺乳動物在情感和行為方面與我們完全不同，等於將人類置於其他哺乳動物之上。我認為這是一個錯誤的假設，是我們一廂情願的想法。不過就貓科動物（和其他強大的動物）情況來說，這種歸因方式是反向運作的，即將動物特徵賦予人類或類人生物。我們根據自身形象和經歷來塑造神祇——而承載萬物之能量往往伴隨著一張臉，而這張臉則啟發我們聯想到某些特徵，例如貓的特性。在這方面的例子有獅人和女神塞赫麥特，通常是以人類女性身體和獅子頭的形象出現；埃及神話中的生育之神與水霧女神泰芙努特（Tefnut）也有類似的形象（Gadalla 2018）。

在《拉之連禱文》（Litany of Re）中，將拉描述為「貓之主」以及「偉大的貓」。宇宙九界都在貓身上體現；因為貓和意為九重合一的九柱神（Grand Ennead），都共享同一個古埃及術語 *b.st*（Bastet，即芭絲特，是埃及神話中貓首人身的女神）。這種關係已經滲入到西方文化中，因此會有貓有九條命

（九個領域）的說法（Gadalla 2017, 110）。

在這類例子中，貓同樣也不是神祇，而是用來傳達宇宙能量的象徵。貓的主要特徵是力量。埃及宇宙學中的九大領域，或稱九柱神，包含拉（或身為創世神的亞圖姆）、舒（空氣、熱）、泰芙努特（霧、水）、蓋布（大地之神）、努特（天空女神）、歐西里斯（生育力或生命，亡者審判官）、伊西斯（Isis，生命，養育或靈性特質）、賽特（邪惡，未知）和奈芙蒂斯（Nephthys，肉慾或動物性，家庭女主人）。

雖然我們不清楚獅人的由來與象徵，但參照塞赫麥特和泰芙努特的已知特徵來推測，最合理的解釋是，獅子代表著力量，很可能是薩滿的力量。凱爾特學者福布斯（Forbes 2018, 76）在回顧蘇格蘭的蓋爾民間傳說時，談論到這與三、四萬年前的獅人雕像的某種關聯：

人類學家麥克拉根（R. C. Maclagan）指出，在蘇格蘭神話中，英文的「cat」這個字就只是表示貓，而根據愛爾蘭學者暨詞典編纂者歐萊禮（O'Reilly）的說法，「cat」也衍生出字尾有氣音的現代單字「cath」，代表一個部落，或一個三千人的軍隊單位。與此相關的是拉丁文「*caterra*」，意思是一圈（a hoop），這很可能與蘇格蘭蓋爾語中的「*Ceatharn*」（意思是軍隊）以及「*ceatharnach*」（意思是士兵、壯漢、健壯的人，或是原指蘇格蘭高地氏族的一群鬥士，後來衍生為山賊搶匪的「*cateran*」一字）有關，例如十八世紀蘇格蘭著名歷史小說家、詩人、劇作家和歷史學家華特．史考特（Walter Scott）爵士作品中的「kern」，就是指一批輕武器步兵。在《貓頭書》（Book of the chait或稱Carbar of the cats head）第七十七頁（英文版）中，有提到「貓頭營」，那是因為他們戴的頭盔上有貓皮。在《勒坎黃皮書》（Yellow Boo of Lecan）中，就像《塞爾提克評論》（Revue Celtique）的《第九卷》一樣，提到了戴有貓頭的戰士，其中一位是蓋林人中的冠軍。愛爾蘭劇作家格雷戈里夫人（Lady Gregory）也描述過芬恩與貓頭人戰鬥並加以消滅的故事。有一首古老的愛爾蘭詩「傳說之子」（Tale son of Trone，即Tale mae Troon或Treun，意思是關於堅定或強大的兒子的故事），當中基於同樣的原因，稱其為「貓頭酋長」，因為他的頭盔甲完全以野貓皮覆蓋，看起來就像是長了一顆貓頭。在北方國家中，貓是神聖的，代表女神弗雷亞（Frea）。

弗雷亞，北歐神話中的芙蕾雅（Freya），主掌愛、性和戰爭（三重），她騎著一輛由兩隻貓拉著的戰車。在這裡，貓也未受到崇拜，而是被用作一種魔法馱獸。

福布斯提到的貓人都是戰士，這裡再次利用在戰爭中貓所象徵的力量，也許還有機敏狡猾的特點。貓頭酋長可能暗示著薩滿力量，但這點並沒有明確說明。神話，尤其是動人心弦的——如果你是榮格主義的信徒會稱此為原型（archetype）——難以抹孽，儘管它們可能會隨著時間而改變。我沒有找到德國在三、四萬年前發生戰爭的證據（可能有發生過世家鬥毆），所以我不確定獅人是否代表戰士。他更有可能是一名薩滿，不過與權力的聯繫是顯而易見的。我不認為我們當中會有多少人打扮成兔子去參戰，就像足球隊不會取名為攻雞隊（Chicken Raiders）一樣，儘管在加州確實有個冰球隊叫安納罕鴨（Anaheim Ducks）。

貓的特徵

接下來，我們將列出在不同的文化中，被認為具有靈性的貓的生物和行為特徵。這些類別可能會有所重疊，但將個別討論。我發現一個非常有趣且值得玩味的現象，那就是貓在神話和民間傳說中的地位，似乎比狗這個「人類最好的朋友」更有分量。神秘學作家康威（Conway 2021, 55-56）列出了不同文化的神話中跟貓有關的列表，以下列出一些。

力量

貓是強大的動物——若按斤論兩來說，相同體重的個體遠比人類強大。靠著強壯的腿部肌肉，一些貓科動物，例如家貓或獵豹，可以跳到超越牠們身長很多的樹枝上。在南非，獵豹會抓住我們古老的表親南方古猿，將其拖到樹上享用，這樣既可以避開那些體型更大的獅子和其他掠食者前來分一杯羹，也可以利用樹枝和樹葉的遮蔽效果，免受禿鷲等動物的窺探。樹木會從洞穴開口處生長，因為那裡有水源，而在南非的洞穴遺址，如斯泰克方丹（Sterkfontein）、斯瓦特克蘭斯（Swartkrans）、克羅姆德拉伊（Kromdraai）和湯恩（Taung）等地，我們發現了許多古代雙足類表親的骨骸。由於獵豹雜亂的進食習慣，在這些洞穴中發現了無數遭到咀嚼後沉積在那裡的骨頭。請想像一下我們這些祖先——他們全體——數百萬年來所承受的壓力。而獵豹也有其生存壓力——牠們需要吃肉。

前面提過的母獅神塞赫麥特，就是力量以及其凶猛運用的典型例子——這位獅頭女神主要出現在古埃及的早期時代，也是埃及歷史初期最常見、最顯眼的貓形神祇。她的形體是長有一個獅頭的女性人體。這絕不是對獅子本身的崇拜，而是對這位具備獅子特質的女神的崇拜。

傳說阿蒙拉神（Amun-Re）因人類對祂的忽視和缺乏應有的尊重而感到不滿。祂感到被拒絕和困惑，因為祂為世人提供了光明和生命，在白天馳騁蒼穹，夜間則擊退宇宙中的邪惡勢力。祂向女兒哈索爾提到這情況，她聽了之後大發雷霆，變身為母獅神塞赫麥特，開始吞噬人類。阿蒙拉神挺起胸脯大喊：「我要讓他們知道誰才是老大，」但在沉思片刻後，祂又說道：「……但如果她把他們都吃完了，那誰來崇拜我呢？」

想到這裡，祂找來幾桶啤酒，在釀造過程中加入埃及天仙子這種紅色染料，並將這些酒／迷幻劑混合物倒在地上。塞赫麥特以為那是人血，便將其喝下，就此陷入了深沉的睡眠。阿蒙拉再次挺起胸膛說道：「我拯救了人類；我真是個好孩子！」

塞赫麥特展現出獅子的力量和凶猛；這裡要再次強調，這並非對獅子本身的崇拜，而是作為一個限定詞或形容詞，描述塞赫麥特的潛力。不論在何時何地，只要看到擁有獅子頭的神祇，就知道那指的是母獅神塞赫麥特——僅有的少數例外是古代的獅頭戰神馬赫斯（Maahes或Mahes），據說他是芭絲特或塞赫麥特的兒子（Wilkinson 2003, 178），或是前面提到的水霧女神泰芙努特。神祇並非獅子，只是簡單地代表了獅子的凶猛特質。在許多神話中，還有一個關於力量的有趣轉折，若是在使用力量時心懷惡意邪念，這力量就會被奪走，轉而用於保護人類自身或擊退敵人。比方說，阿蒙拉會派遣獅子——這是塞赫麥特的一個象徵——來懲罰不服從的人類。在一份古希臘關於埃及魔法的文件《萊頓紙莎草紙》（*The Leyden Papyrus*, Griffith and Thompson 1974, 57）中，我們也讀到對諸神和占卜油燈的威脅，若是所提要求無法達成，作者或治療師甚至會用塞赫麥特的憤怒來威脅那盞油燈：

伊西斯，請發聲吧！將我所詢問之事告知歐西里斯，讓下達命令的神降臨，給我今天所提問的一切答案。當伊西斯說「讓一位神來見我，我可以派他來」時，他對於將他們帶到她面前的目的很謹慎；而你，正是帶到她面前的那盞燈。你母親塞赫麥特和你父親赫克的憤怒已傾瀉在你身上，你不應該為歐西里斯和伊西斯點燃，你不應該為阿努比斯點燃，直到你真實且不說謊地回答我今天在這裡所詢問的一切。如果你不給我答案，我就不給你油。

在冥界，太陽神拉的一項特徵是化身為長耳貓，殺死巨蛇阿波菲斯。這可以在埃及第二十王朝因克考（Inkerkhau）墓中的壁畫上看到（u/Historian 2018）。在這壁畫中，我們看到拉在冥界航行時，象徵貓的力量被巧妙運用。

白晝，拉駕著他的太陽船，從東到西劃過象徵銀河系的天空女神努特的背上，穿越天際。夜晚，努特將他吞下，這時他便穿越冥界。在那裡，他遇到了象徵宇宙邪惡力量的阿波菲斯，或稱阿佩皮，此時他化身成一隻貓，劃破怪物的喉嚨，等到黎明時毫髮無傷地再次以太陽神拉的形體出現，這道新生的陽光，穿過努特的陰道。

與猶太基督教的傳統不同，古埃及的創世並非一次性事件，而是隨著太陽升起每天重複發生。如果太陽要升起，就必須進行適當的儀式。這個循環代表著生命、死亡和回歸，這是宗教傳統中的一個共同主題，也代表著對死亡終點的心理保護。這個故事與舊石器時代的洞熊有關。

在埃及傳統中，另一個關於權力的例子是對生死的掌管，這涉及到豹皮酋長主持的「張口儀式」。這種儀式在《光明之書》（Book of the Coming Forth by Light），亦稱《死者之書》（Book of the Dead）

中有圖形記載——例如為顯然是富有的底比斯抄寫員阿尼（Ani）所準備的那份。該儀式能讓逝者開口說話，得知他的名字[9]，認識看守十二道門的怪物們的名字，並且向四十二位審判官懺悔，誦念出一段「反面否認」（Negative Confession）。知道怪物的名字，可以讓人獲得戰勝怪物的力量，或至少能夠阻止邪惡，就像《格林童話》中的侏儒怪龍佩爾施迪爾欽（Rumpelstiltskin）一樣。惡魔就好比是現代的政府機構，如果不知道你的名字或電話號碼，就無法追捕、起訴或監禁你。

埃及人的這套「反面否認」懺悔詞，即「我沒有說謊，我沒有欺騙，我沒有偷取神廟倉庫的糧食，我沒有殺生……」，代表的是個人責任的聲明，這是現代社會嚴重缺乏的。懺悔詞共有四十二份供詞，對應四十二位審判官，每位審判官各一份。若審判官偵測懺悔者所言屬實，便會說出「*Maa Kheruor*」，意思是「所言屬實」（Gadalla 2018, 194）。

在此我必須補充一點，懺悔者在受審前會先進行一種儀式，這樣他或她的心就不會在說謊時背叛自己——古埃及人認為人是用心思考的。「反面否認」是在一座天平前進行，在天平兩側分別放上懺悔者的心臟與真理羽毛，進行稱重，心臟的重量必須輕於羽毛。這座天平由真理與秩序女神瑪特（象徵宇宙法則）負責，智慧之神托特負責記錄結果，旁邊則有期待飽餐一頓的女性複合怪物阿穆特

9　作者註：在現代社會中，你以名字或號碼的形式存在，沒有名字或號碼，你就不存在。

（Ammut）——她由鱷魚頭、獅子前軀和河馬後半身組成。沒有通過四十二位審判官考驗的人會被交給阿穆特，讓她吃掉這個人的心臟；此人就會永不復生，陷入毀滅之地。你有聽過「把你的心吃掉」這句話嗎？嗯，這就是它的起源。通過測試的懺悔者會獲得名字的更改，這在許多宗教或祕密結社（cults）中很常見；例如，荷魯斯帶領歐西里斯．阿尼去晉見冥界之神歐西里斯：「歐西里斯將去見歐西里斯；我和父親是一體的」。

如前所述，懺悔者此前會舉行一項儀式，這樣一來無論是否說謊，他或她的心都不會背叛自己。這與《十誡》中直接告訴你該如何行事的原則截然不同。個人責任代表著獨立的決策能力和個體的重要性，這種哲學與當今大多數中東國家的觀念迥異，卻與歐洲的狩獵採集傳統相似。也許古埃及與數千年前建造哥貝克力石陣（Göbekli Tepe）的狩獵採集者之間存在著深遠而古老的聯繫（Collins 2018）。無論如何，埃及的「反面否定懺悔詞」與基督教的《十誡》之間存在一個主要差異，那就是個人責任。在中東哲學中，我們在《舊約》的約伯故事中看到了個人責任和個體微不足道的一面，這與其形成了對立。約伯遭受著耶和華（Yahweh）如惡魔般的殘酷對待，儘管他對為何會受到如此待遇毫不知情，但他還是向這股惡魔般的力量屈服，就像他向國王屈服一樣。[10] 即使在今天，在馬克思主義哲學所奉行的神奇思維中，個體本身和對個人的激勵都不重要。馬克思主義哲學是對王權、精英統治、封建主義的回歸，同時還抱持著透過暴力就能創造烏托邦這種奇特想法。[11]

在前面提到的心臟與羽毛秤重儀式中，阿尼靠著為他準備好的《死者之書》，通過了考驗，受到歐西里斯的歡迎，進入蘆葦平原。古埃及稱逝者為西方人（Westerner），因為他們向西行進（許多埃及墳墓位於尼羅河西岸）。這讓我突然想到，「蘆葦平原」可能指的是早期的「伊甸園」──公元前五千六百年以前，如今的利比亞沙漠曾是鬱鬱蔥蔥、遍布湖泊、沼澤和草原的地區。始於約公元前九千六百年前的那場全球暖化，也導致了黑海盆地和如今波斯灣地區在約公元前五千六百年發生大洪水。談起伊甸園，我認為當時那裡有很多「花園之處」，利比亞沙漠可能就是其中一處。同樣地，約公元前九千六百年開始的全球暖化，也就是小冰河時代末期的新仙女木期（Younger Dryas），很可能引發了公元前五千六百年的洪水，這場洪水在蘇美人著名的《吉爾伽美什史詩》中有提及，也極可能是《聖經》中大洪水故事的起源。

再回到豹皮酋長，他是一個擁有權力的人，具有獵豹的普遍特徵。他有能力執行儀式，這項能力

10 譯註：此典故出自《約伯記》，當中記載耶和華讓撒旦試探最為正直的約伯。於是約伯痛失親人與財產，但並未喪失對耶和華的信心。約伯說：「……賞賜的是耶和華，收取的也是耶和華。耶和華的名是應當稱頌的。」（1:21）在一般教徒的解讀中，此章展現出人對神應有的正確態度，即全然的順服。

11 作者註：順便補充一點，馬克思主義與美國二十世紀初期的喜劇五人組「馬克思兄弟」（The Marx Brothers）無關，這是一個常見的誤會。

本質上是戰勝死亡的力量——在此語境中，「死亡」指的是當下此生，「生命」則指靈界中的存在。從公元前一萬六千年的「巫師三兄弟」（Sorcerer of Trois-Fréres），到約公元前七千一百年到五千七百年土耳其加泰土丘（Çatalhöyük）中著名的豹皮酋長（Mellaart 1965; Hodder 2006），再到古埃及，我們注意到身披豹皮的個體，不僅具有人類學家艾文斯－普里查德（Evans-Prichard, 1940）所提出的解決爭端的威望，還擁有決定生死的權力。巫師三兄弟算是早期薩滿的例子，作為「動物之主」，擁有控制動物的力量——實際上就是掌控宇宙的力量。而在加泰土丘，我們再次看到相似的薩滿行為，而在古埃及，這一點更是得到了最確切的體現。

希臘神話中的赫拉克勒斯（Heracles）——也就是羅馬神話中的大力士海克力斯（Hercules）——因為喝得酩酊大醉，失手殺死自己的妻子，為了洗清罪孽，阿波羅要他經歷十二項試煉，其中一項是除掉在宙斯樹林中刀槍不入的尼米亞巨獅（Nemean lion）。在殺死這頭野獸後，他套上巨獅的皮，將頭直接從獅口伸出來。於是他獲得尼米亞獅皮堅不可摧的力量。這聽起來與前面提到的獅人、貓人和塞赫美特的故事如出一轍。

戴維森（2021, 123）轉述了一則與貓的非凡力量有關的日本故事，傳說有位名叫薄雲（Usugumo）的藝伎：

在一天晚上，當她走進浴室時，薄雲最喜歡的貓開始拉扯她的和服。貓一直不停下來，當然，薄雲也不希望她最好的和服被毀掉，於是她大聲呼救，一名侍從前來，砍下了貓的頭。貓的頭滾過地板，進入浴室，咬死了一條盤繞在黑暗角落的蛇。薄雲隨後才明白，這隻貓是想要保護她，於是她做了一個舉起爪子的貓雕像，也就是後來的招財貓（maneki-neko）。

貓的力量是如此強大，即使死亡之後都還可以發揮這種力量來保護人類，這跟有些人在身處危機時，會向被釘死在十字架上的耶穌求助一樣。蛇或毒蛇可以同時具有善與惡兩面。例如，在古埃及，聖蛇烏拉烏斯（uraeus）是一條直立的眼鏡蛇，象徵著保護和神聖的權威。然而眼鏡蛇也有其邪惡的一面，眾所周知，貓會捕殺埃及本土的黑頸眼鏡蛇，因此代表著一股強大的保護力量。[12]

不過，有時光是強大還不足夠，正如法國詩人拉封丹（La Fontaine, 1983, 70）恰如其分指出的：

「滾吧！你這微不足道的昆蟲，大自然裡最卑微的小子！」

皇家獅子對蚊子如此說道。

12 作者註：實際上，貓鼬更擅長對付眼鏡蛇，儘管牠並不如一般所想的那樣完全對蛇毒免疫。

蚊子立即宣戰。

拉封丹很可能是出於自己的無力感，所以讓獅子與小蟲子對峙。蚊子嘲笑獅子，於是獅子奮力撲打，但每次都被蚊子躲過，還一遍又一遍地無情地叮咬獅子，最後弄得獅子精疲力盡。這則寓言要傳達的訊息很簡單：大人物（獅子）在對抗小人物（蚊蟲）時並不見得能夠有出色的表現；強大並不總代表著勝利。

因為，儘管獅子凶猛又強壯，
但還是耗盡體力，變得疲憊不堪，
獅子暈頭轉向，摔倒在地，只能放棄；
蚊子頂著翠綠的月桂冠榮退。

貓和蛇之間還有一個關聯，那就是牠們都會發出嘶嘶聲。貓和蛇都利用這種聲音來發出危險訊號，但這並非向獵物發出的警告。蛇和貓一樣，不會警告老鼠。那為什麼要發出這種警告聲呢？我能想到的最佳答案是，在戰鬥中，即使是勝利的一方也可能受到重傷。發出嘶嘶聲的用意是為了避免正面衝突，讓對方走開。這聽起來很像和平共處，達到一種靈性上的理想狀態，但貓其實不太可能放過蛇。貓是肉食動物，在牠們眼中，蛇代表著食物。此外，至少對於中小型的貓屬（*Felis*）動物來說，牠們的瞳孔在強光下會收縮成狹縫狀，這一點也類似蛇。不過，獅子和老虎則像我們人類一樣，擁有圓形的瞳孔。

門衛

貓的聽力範圍很廣，可以偵測到老鼠和其他小型獵物的聲音和動作。牠們的聽力範圍約在四十五至六萬四千赫茲（Hz）之間。這樣廣泛的聽覺範圍在整個動物界堪稱翹楚。貓在選擇高頻聽力的同時，並未犧牲低頻聽力（Heffner and Heffner 1985），相較之下，人類能夠聽到的聲音範圍介於六十四至兩萬三千赫茲。大多數人類無法聽到老鼠發出的聲音（約五萬赫茲），但貓的能力不僅限於聽到老鼠和其他齧齒動物的動靜，牠們還可接收到遠處人類或掠食者的聲音，發揮著早期預警系統的作用。我們家在東西兩側都設有戶外貓舍，還有一扇朝南的大窗戶，每當有奇怪的動物或人進入院子時，貓就會從房子的前面跟蹤到後面，速度非常快。我們的祖先應當也注意到，有入侵者前來時，神廟中的貓能夠發出警告，或是牠們能夠發現田野中的老鼠、蠍子或蛇（例如有毒的黑頸眼鏡蛇）——這對農民來說絕對是一大利器（Germond 2001, 77）。

除了具備在黑暗中的視力與敏銳的聽力外，貓還傾向於尋找僻靜、陰暗且受保護的場所藏身和睡覺，這些特徵不免讓人將貓與冥界守門者的角色聯繫起來。我家的貓經常或坐或臥待在門口，就像一座迷你獅身人面像，這可能是為了偵測其他貓的出入動向（特別是透過貓門），不過有時也是為了發動伏擊。然而，就牠們蹲踞的姿勢來看，確實讓人覺得是在看守屋內的人。無論如何，光是一套早期預警系統，就已帶來巨大的生存價值。

貓也可以成為特定地域的守護者。例如出現在《山海經・西山經》的武羅，他長著「……一張帶著豹紋的人臉，細腰，白牙，還戴著耳環」（Strassberg 2002, 146）[13]。這個奇特的人形貓獸守護著中國新疆一處特定的地理區域，也就是青要山（位於伊犁新源縣那拉提鎮）。據說武羅發出的聲音像玉器一樣清脆，叮噹作響，而且出人意料的是，他也與生育能力有關，會吸引想要生女兒的孕婦拜訪。武羅的守護角色類似埃及的塞赫麥特，但其掌管生育力的功能則類似埃及貓頭女神芭絲特，只是武羅具有地域性。概括而言，塞赫麥特是獅女神，而芭絲特是貓女神（專指動物分類學中的貓屬），隨著獅子的威脅日益減弱，芭絲特變得越來越受歡迎。到了埃及新王國時期（1570-1069 BCE），貓——很可能指家貓——更常作為神話主題出現，這也反映出貓與人類之間更親近、養育性的關係。

還有一個貓與守護者的著名例子，至少故事是這樣流傳的，那就是魔術師齊格飛和羅伊的獅虎表演。從一九九〇年到二〇〇三年，這對搭擋在拉斯維加斯是當紅的明星表演者，直到羅伊被他們的白老虎門塔寇爾（Mantacore）咬住脖子並拖下舞台。當時流傳著好幾個說法來解釋何以這隻大貓會有這樣的舉動。第一種是羅伊對老虎的不當處理。另一種說法——我個人更傾向相信的——則是門塔寇爾這麼做其實是為了保護羅伊。我們將永遠無法確定真相為何。若是我對我家的貓的行為解讀正確的話，我想牠們肯定是在保護我們，並扮演著我們的守衛，牠們會在我們在走廊行走時，走在我們前面，或是像吉薩高原上的獅身人面像，耐心地守候在浴室門口直到我們出來，或是在我書房的玻璃滑門前等待我回來。

生育力

芭絲特是貓女神較晚近的版本，代表著生育力。她的頭（有時是整個身體）不再是獅子的頭，而是家貓或叢林貓的頭，甚至是非洲野貓的頭。貓科動物與生育力的關聯顯而易見，因為牠們繁殖力強

13 編註：關於武羅出現的段落如下：「青要之山，其上多玉，其下多銅，有獸焉，其狀如人面而豹文，細腰，白齒而朱脣，名曰武羅，其音如玉聲，是可以御兵。」

且多產，一窩可產下兩到八隻小貓，每年甚至可生產五窩。不過，同樣地，在芭絲特的例子中，受到崇拜的並非貓本身，而是生育能力這項特徵。此外，母貓非常保護自己的孩子。正如中王國時期（2030-1650 BCE）的棺木文（Coffin Texts）中所揭示的，芭絲特同樣是一位守護神。這些被稱為《死者之書》的文本，在中王國時期是繪製在棺材上，而不是像舊王國時期（2649-2130 BCE）那樣刻在墳墓牆上，或像新王國時期寫在莎草紙上。生育力也代表著生命或孕育生命，這都增添了貓的特徵。而這引出了一個問題，埃及人是否真的因為貓具有象徵意義和捕鼠功能，而禁止人們將貓帶出埃及。他們可能只是口頭上這麼宣稱，但現實是貓的繁殖速度非常快，其實難以有效阻止這種情況。一旦有幾隻貓上了船——船上通常有很多老鼠——牠們就會迅速繁殖，根本沒有必要從埃及偷渡貓。事實上，埃及人很可能將貓出售或贈送給與他們進行交易的外國人。

然而，貓在某些文化中受到高度重視，例如日本，但牠們之所以這麼珍貴是因為在當地很稀有，只有富人才能擁有牠們。無論如何，長時間下來，貓科動物的繁殖力會改變牠們的身價，最後幾乎每個人都養得起貓。

夜視

貓有夜視能力，但這並不表示牠們在完全黑暗的環境下保有視力。牠們眼睛後方視網膜上的視桿細胞（rod）密度幾乎是人類的三倍。視桿細胞是最敏感的視覺感受器，對於夜間視力極為重要。這種視桿細胞的增加，不太可能是隨機突變精細調整的結果，更可能是漸進的變化，而且很可能早在我們所認識的貓科動物出現之前就已發生。相較之下，貓的視錐細胞（cone）數量少於人類，這種細胞在日間光照下的作用更大（Bradshaw et al. 2012, 27）。

貓是夜間掠食者（在白天則是伺機而動的機會主義性者），牠們在捕獵時並不需要精確區分顏色。在牠們的視網膜後方、脈絡膜前方有一層稱為「脈絡膜層」（*tapetum lucidum*）的反光結構，能將未被感光細胞吸收的光線反射回視網膜，讓感光細胞獲得第二次捕捉光子的機會。這就是為什麼貓的眼睛（以及狗、狼和馬等其他動物的眼睛）會在黑暗中發光的原因；你所看到的光芒，實際上就是反射回來的光線。古人將微光下的視力和眼睛發光這兩種其實源自遺傳的特徵視為靈性。在漆黑的夜晚，當我在家中巡視，檢查飲水器等電器時，會看到貓眼發出的光芒——當我用手電筒照射時，那些發光的球體懸浮在空中，跟隨我的一舉一動。牠們甚至會在走廊盡頭伏擊我，伸爪輕觸我的腿，彷彿一切都是謀劃好的。在此，我想補充一點，貓的這些特性最初並不見得會被視為正面和超凡的靈性特徵，反而更有可能讓人聯想到惡魔，映照出過去時代那些惡魔般的掠食者的身影。即使在今天，這項特徵仍用來暗示未知、危險且怪異的邪惡世界。狼也擁有「夜視」能力，並且通常會讓人聯想到比較負面的事物，或是另一個世界。即使到了今天，歐洲人對於狼多半還是抱持著恐懼心態，正如他們的民間傳說和神話所表達的。我確信狼要對一些人類的死亡負責，不過根據加拿大環保作家法利．莫瓦特（Farley Mowat,1963）的研究，至少在他所研究的加拿大狼中，狼就跟家貓一樣，主要捕食老鼠及其他小動物。但牠們也是機會主義者，受傷的鹿或人類都會成為他們的「囊中物」。

低調、狡猾和智慧

貓可以悄無聲息地移動，也能毫無預兆地突然出現和消失。貓的腳掌底部生長的毛髮，對牠的隱匿行動很有幫助，這也能在貓移動時提供緩衝。腳掌的毛還可以感知地面的振動，察覺獵物的動向。

有些貓的毛色也有助於牠們隱身。我家的席德是挪威森林貓，全身覆蓋著灰白相間的蓬鬆長毛。如果是在挪威那片布滿灰色岩石和白雪的土地上，牠恐怕很難被發現，牠只需要一動也不動地蹲踞在那裡，等待獵物兔子靠近。席德是隻很不尋常的貓。牠總是想和凱蒂及我待在一起，但不喜歡被摸，牠會容忍其他貓，很少發聲，偶爾牠會和我們一起玩耍，但不會和其他貓一起玩。牠也是我們家的逃脫大師，我們不得不對牠採取極端措施，才能把牠關在家裡，因為牠骨子裡肯定是隻戶外型的貓。牠特別黏凱蒂。我們在席德只有幾週大時便領養了牠，並抱在懷中用奶瓶餵養了好幾個星期。我們會對牠說話，提供牠食物、溫暖和關懷。我們可以在席德身上看到野貓的影子，牠是一種孤獨的貓，直到近代才被馴化。牠與其他貓非常不同。

然而，行動隱密也代表著聰明，因為這需要動用追捕獵物的知識和能力才能達成——或者，就如法國詩人拉封丹在寓言「貓和狐狸」中所講的，這是為了要避免成為其他動物口中的獵物。在這則故事中，貓和狐狸在接近一群人和狗時各自大聲吹噓自己的聰明伎倆。後來，貓爬上了樹，安全地遠離了狗。然而，狐狸沒有爬樹這項本領，於是牠落入了兩隻狗的手中。這則故事的寓意是，你可能沒有自己所想像的那樣聰明。

還有一則內容相近的俄羅斯故事「芭芭雅嘎和勇敢少年」(Baba Yaga and the Brave Youth)。

很久很久以前……這是在某些文本中流傳的寓言故事，故事講述一位住在樹林裡（代表危險與神祕）的少年，身邊陪伴著一隻貓與一隻麻雀（象徵祖先的智慧）。牠們警告少年，有個位女子將前來敲門，並強行進入屋內。只要少年保持沉默，不與她交談，就可安然度過一切危險。當然，一個好故事不可能沒有危險，所以，正如你猜想的，少年忍不住開口與芭芭雅嘎交談，最後被帶到了路另一頭她的房子裡——那裡周圍環繞著人骨柵欄。

抵達房子後，芭芭雅嘎打開門，將這個勇敢的年輕人扔到廚房地板上，並吩咐她的兩個女兒「把他拿去料理。我還有事要處理，晚一點就回來！」

結果，一個女兒堅持要繼續疊衣服，另一個女兒則從水槽下面拿出一個大烤盤，大聲命令少年進到鍋子裡，「這樣我就能照媽媽說的把你煮了！她很快就會回來，要是晚餐那時還沒準備好，她可是會發飆的！」

於是少年站到鍋子裡，但當女兒試圖把他推進烤箱時，由於他個頭太大，塞不進去。「你得蹲下或做點什麼……」

少年回答道：「但是，我不會，我從來沒這樣做過。你得示範給我看。」

「好吧！那你先從鍋子裡出來。」

於是少年從鍋裡出來，換女兒鑽進去，並蹲下身子，就在這時，少年把鍋子推進烤箱，把女兒給烤熟了。

這時聽到騷動的另一個女兒也進來廚房，震驚地說：「你做了什麼？你把我的姊姊烤熟了。媽媽一定會很不高興的！」

於是，她把妹妹從鍋子裡倒了出來，示意少年進去，但當她試圖把他推進烤箱時，發現他的個頭太大，裝不進去。「你得蹲下或做點什麼……」

最後，當芭芭雅嘎回來時，發現她的兩個女兒全都熟透了，躺在廚房的地板上。她勃然大怒地說：「我猜要是想把某件事做好，就得親自動手。現在你給我進到鍋裡，別玩花樣！」不過，就像之前兩位女兒遇到的問題一樣，少年就是塞不進爐子裡。「我從來沒這樣做過。你必須示範給我看。」

說完這句，芭芭雅嘎便鑽進鍋裡，蹲下身子，這時少年故技重施，將芭芭雅嘎推進了火爐。

許多年前，我的傑西阿姨也曾讀過這則俄羅斯故事的幾個不同的版本給我聽，我很小的時候就察覺到這個故事與格林童話的「漢賽爾和葛麗特」(Hansel and Gretal，即「糖果屋」的故事）很像。我的阿姨是小學老師，我猜想她講給學生聽的版本較為溫和、也比較政治正確，但卻跟我說了原著的版本；也許阿姨是想告訴我一些道理。我小時候特別喜歡灰姑娘的繼姊被烏鴉啄掉眼睛的情節；我想那時我應該是認為她們罪有應得。我特別偏愛烏鴉，因為在多年前我曾在北美洲原住民奧吉布瓦族（Ojibwe）薩滿舉行的儀式上，獲得了一個烏鴉靈作為守護神。在我身上的刺青中，也有這種烏鴉靈——那是來自中國神話中的三足烏，傳說牠將太陽帶到宇宙樹（世界軸）的頂端。這與埃及太陽神拉的旅程類似，拉在夜間穿越冥界，早上再穿過女神努特的陰道，帶來新生的陽光。

那麼，「芭芭雅嘎和勇敢少年」這則故事到底要傳達什麼意義呢？在歐洲，個體的重要性，以及在沒有被告知的情況下，個人動機和獨立行動能力的重要性都備受強調。這與中東的情況截然相反。在中東，你被公認的權威告知該做什麼，而且你最好照辦。為什麼會產生這樣的差異？在歐洲的地理環境中，狩獵採集行為需要個人的勇敢、個人的榮譽，並向他人證明自己——並非每個人都能殺死鹿或危險的野豬，因為這些動物最終可能會反過來殺死你。（還記得影集《權力遊戲》中發生在國王身上的事嗎？）而在中東，農業聚落比歐洲農業早形成了數千年。任何人都可以耕地，或是採摘無花果；因此，個體的重要性被最小化了。猶太教、基督教和伊斯蘭教都起源於農業社會，在這些一神教傳統中，個體的地位都在上帝和統治者之下。

「芭芭雅嘎與勇敢少年」這則故事的寓意很簡單：長輩代表著智慧——他們透過生活獲得智慧（比方說他們跨越的橋梁和攀登的山脈）。如果你不打算聽從長輩的建議，那麼你最好夠聰明，能夠自己擺脫遇到或製造的麻煩。而在這種情況下，貓被視為智慧。

芭芭雅嘎原本是冥界的治癒女神，精通草藥知識，因此她也與改變心智的物質以及相關的儀式有關。但在天主教會的影響下，她卻轉變成一個渴望人肉，尤其是小孩子的惡魔（也許這是昔日社會解釋嬰兒猝死症候群的一種方式）。對於她行為的描述，實則是訴諸我們對死亡的恐懼，以及對被吞噬（食人）的恐懼。你猜這樣的想法是源自於何處？我們只需要回溯到食物鏈頂端的掠食者——那批數百萬年前的貓科動物，牠們每天都會殺死並吞食我們的古老親戚。曾經有人跟我說，人類是唯一會思考自己死亡的動物。我想這可能是真的。

幸運貓

有些貓完全不會招致邪惡或禍害。好比說，日本人所謂的「妖怪」並不總是邪惡的。幸運的貓妖在日文中是招き猫（maneki-neko），在中國則稱為招財貓。在日本和中國，牠們的歷史可以追溯到十七世紀，特別是會帶來生意或賭博的好運。我曾經到中國長期旅居過，在那段期間，隨處都可看到招財貓，尤其是在計程車和餐廳裡。在北京時我們會搭計程車，每輛計程車上都擺有一套招財貓——絕對不只一隻。在我旅遊期間，我們去中國南方幾處原住民的山地部落參訪；那時正值十二月下旬的雨季。在一次出訪中，我們雇了一名小巴司機帶我們去山裡，上車時，很難不會注意到儀表板上排列了一整排的招財貓；一共有八隻——這在中國是一個幸運的數字。我很好奇為什麼會有這麼多，很快我們就找到了答案。但請容我先講這個故事。

在北京期間，我們會搭乘計程車去各處寺廟遺址、長城等地。我們曾聽說中國當時不允許西方人開車（至少在那個時候是如此），而一坐上第一輛計程車，我們就明白了箇中原因。在西方，就交通規則而言，駕駛是個複雜的問題。你得待在你的車道，我也會在我的車道，而且不能從右側超車。至於在中國，至少在北京，我能用來描述開車的最佳方式就是要「憑直覺」或「整體感」。換句話說，就是找到一個空位就往前移動，朝著目的地開去。車位會不斷地出現在左側和右側，所以我們就這樣一路曲折地抵達每個目的地。我們遇到最令人印象深刻的一名計程車司機，他的儀表板上擺著三隻巨大的招財貓。由於中國的計程車比美國小得多（至少直到最近是如此），車內空間比較擁擠，當司機在定位和導航至下一個地點時，你很難不注意到那三隻招財貓不斷搖擺著，還向我們招手的畫面。

再回頭來談那位小巴司機。經過在北京多次乘坐計程車和公車的經驗，我們對於市區的交通狀況跟駕駛方式已有心理準備，所以以為到了南方——麗江以西、相對空曠的地區——情況可能會有所不同。但事實並非如此。在北京，行車速度大多不那麼快，通常只會遇到幾起小擦撞，但很少發生死亡事故。而我們這位小巴司機是個瘋狂的駕駛。才坐上車幾分鐘，我的眼前就閃現了人生跑馬燈。我們行駛在狹窄且飽經風霜的道路面上，由於當時還在下雨，不時會有巨石滾落到路面上。當司機繞過或碾過岩石時，我們的小巴不斷打滑，並且非常接近公路的邊緣，旁邊就是一個可能有五十或七十英尺深的斷崖！而車上沒有安全帶，凱蒂和我坐在長椅上滑動，就像儀表板上的那些招財貓一樣，我們緊緊抓住前面座椅靠背上的橫桿。然後突然間我意識到，這位小巴司機非常、非常認真地看待自己的信仰，完全相信這些招財貓會保護他。我們確實安全到達目的地，也順利回家了，所以或許擁有很多招財貓，不僅可以保護生命安全，還會帶來好運。

後來回想這段行程，儘管旅途確實很可怕，但非常值得，因為我們遇到了一些很棒的人——或許有一天我會將那次的經歷寫成故事。他們是住在山裡的人，在如詩如畫的美麗梯田中工作，日復一日地在山上走動，我說的是真的山丘。我和妻子走到一個村莊，受到當地幾位村民的歡迎，他們帶我們參觀了他們的房子，還招待我們喝茶。要離開時，妻子回頭看了一眼從村莊出來的小路，說道：「我不可能走下去的。他們到底是怎麼做到的……」說到這裡，先前一位迎接我們的老婦走到我妻子身邊，輕輕地挽起她的手肘，帶她下了山。我想補充一點，當時山上飄著一層薄霧，路上的岩石很濕滑。我妻子對這位身高不到一百四十公分的女士的力量感到震驚（凱蒂身高約一六八公分）。下山前，我讓她們走在我前面幾步，這樣我就有機會從這個角度欣賞這片山坡的景色。當時我身上並沒有帶著招財貓；或許是在搭小巴時沾染到一點它們的氣場，我想我應該準備幾隻在身邊。我們的小巴司機很清楚貓，也知道我們所謂的迷信，他勢必堅信他受到招財貓的守護，能夠趨吉避凶，畢竟他不太可能是為了給我們留下深刻印象而故意那樣開車的。

中國人愛賭博（招財貓在這點上當然也有用），而且他們顯然不認為輸錢是件壞事。事實上，這有助於資產重新分配，而且風水輪流轉，因果循環。我們在中國發現了一些有趣的迷信。例如，把筷子豎立在碗裡是不吉利的。沒有人跟我明確解釋為什麼這會帶來厄運。我們的導遊喬治糾正了我們好幾次，他會伸手過來把筷子水平地放在碗上。我們聽說把筷子插在飯碗上之所以不吉利，是因為這會讓他們想起葬禮上插在碗裡的香。不吉利的還有「四」這個數字，這和美國的十三樓一樣，我們住的飯店都沒有四樓。之所以避開四樓，是因為「四」的發音與「死」聽起來很像。文字和符號具有力量，而最終極的厄運形式就是死亡。

所有的寺廟和部分房屋的入口處都設有屏風或屏障，因此進入建築物時必須繞過它。這是因為他們相信邪靈只能沿著直線移動，而有這樣的屏障便可加以阻擋。門檻也能阻止邪靈進入家中或寺廟，並且迫使進門的人彎腰致意。跨過門檻時最好低頭，免得腳碰到門檻，帶來更多厄運。

貓語、咕嚕聲和叫聲

貓會與牠們建立親密關係的人類交談。貓與貓之間的對話則非常不同，而且極為有限——除非牠們之間可能有心靈感應。家貓似乎是所有貓科動物中最健談的物種（Tavernier et al. 2020），這很可能是出於牠們的選擇，並且與貓和人類之間的關係有關；對貓而言，依附人類是一場賭博，是一個獲得回報的明智選擇。牠們必須信任我們，而獲得這種信任的方法之一就是透過交談和模仿我們。

家貓可以發出多種聲音，但有一件事牠們做不到，那就是像獅子一樣咆哮。原因出在牠們舌骨（位於喉結處）的位置和特性；家貓的舌骨位於頭骨正下方，它是硬化的骨頭，缺乏靈活度。但獅子的舌骨位於喉嚨中更靠後的位置，而且沒有硬化，因此振動時能夠發出獨特的咆哮聲。

有研究人員發現，家貓這個物種的發聲系統比其他貓科成員更為複雜，甚至比與牠們親緣關係最近的非洲野貓還要複雜許多。根據動物行為研究者塔維尼爾（Tavernier et al., 2020）的研究，這看似違反直覺，因為在野外發出大量噪音會引來掠食者，但在與人類互動時，這種多樣化的發聲方式卻是合情合理的。我們養在戶外的貓不太說話，除了餵食時會叫個幾聲，還有幾隻老貓會發出向我們問候的叫聲。仔細想想看，貓必須意識到「在野外」和「與人類相處時」是不同的；牠們顯然了解在每種環境中生存所需的溝通差異。換句話說，為了與人類共同生活，貓必須在某些重要層面表現得像人類一樣，而「交談」就是其中之一。並非所有的貓都有相同程度的說話能力或變化，有些家貓很少發出聲音。目前我們家裡聲音最大的貓是史派克，聲音最小的則是席德。史派克需要知道我在哪裡，牠會不斷抱怨、哀鳴，直到我回應、撫摸或讓牠進入書房（我相信牠有分離焦慮症）。毫無疑問，我確實也鼓勵了牠的這種行為。但我會和家裡所有的貓交流，而有些貓的反應比較強烈，這表示牠們的性格存在著明顯差異。

貓的發聲內容很多樣，包括咕嚕聲、嘰嘰喳喳聲、喋喋不休、顫音、咆哮、嘶嘶聲、吐口水、嚎叫、呻吟、哀鳴和號叫。我還想補充鼻息聲和抱怨聲（結合了咆哮與咕噥的聲音）。網路上有許多書籍和文章提供了更多具體資訊。14

我們可以從一些基本的生理問題開始談論，這有助於幫助我們理解為何貓和其他動物無法發出人類大部分的語音。首先，貓沒有靈活的嘴唇，而嘴唇是發出某些聲音，如「m」、「b」、「p」所必需的。換句話說，貓其實沒有發出人類以為牠們發出的「喵」（meow）聲，牠們頂多只能發出「yeow」的聲音。但就連古埃及人在這一點上都搞錯了，將他們的「貓」拼寫為「mau」。今日我們不清楚多數古埃及人是如何精確發音的，但「貓」這個字很可能發音為「me-ow」。

當貓吸氣與呼氣時，氣壓變化會導致喉部褶皺振動，產生咕嚕聲。在我們人類身上，這些振動是我們發聲機制的一部分（Temple Health 2018）。

古人想必也注意到了貓的咕嚕聲，可能還將其解釋為一種冥想形式，甚或是一種可以用來集中注意力以停止思維活動的咒語或聲響，這在佛教和印度教中都有類似的概念。就我對貓的觀察，咕嚕聲通常在有人類在場時發出，主要是在牠們被撫摸或梳毛，或蜷縮在人的腿上時。這很容易被解讀成一種愛或感情的表達——這又是一種帶有靈性意涵的特徵。有許多動物會發出咕嚕聲（例如兔子、松鼠、環尾狐猴和大猩猩），但與大猩猩不同的是，貓通常會蜷縮在你的腿上發出咕嚕聲。然而，發出咕嚕聲並不總代表貓咪很放鬆，或是在向你表達愛意。這也可能是貓生病的徵兆，而咕嚕聲或許能幫牠減輕壓力。在復原過程中，放鬆是很重要的。

貓也會「說話」，或者說是用眼睛溝通。正如前面所提，一些研究人員發現，如果你慢慢地對著貓眨眼睛，你的貓也會一直看你，通常還會跟你一起慢慢地眨眼。當貓互盯時，可能會引發攻擊性的場面，但牠們在看人類時，似乎是在傳達不同的訊息——尤其是當你緩慢眨眼時。當中隱含的訊息是友誼，或是在傳達自身沒有威脅性（McNamee 2017, 96-97; Nagelschneider 2013, 14）。這種在現實生活中與人類交流的方式也延伸到民間傳說中，在這些故事裡，大多數的貓都會說話，狗和老鼠也是。

凝視

不過在貓的行為中還有一些更為奇特的面向，這顯然引起了古埃及人和其他人的注意。貓咪會因為某種奇怪的原因而凝視空中，看起來像是在看我們看不到的東西。也許是牆上的一隻蜘蛛、空氣中的一隻蟲子或是一粒灰塵。但還有其他幾種可能性。其中一種可能性是，牠們確實看到了一些東西，不是灰塵、蜘蛛之類的，而是我們人類的神經系統無法偵測到的。也許牠們看到某些突然進入我們維

14 作者註：幾份好的入門參考資料，包括：Tavernier et al. (2020)、Shojai (2021) 以及美國人道協會網站（Humane Society of the United States）上一篇名為“The Cats Meowat”的文章。

度的東西，可能是顯靈或其他能量形式。另外還有一種解釋，我猜想古人也曾考慮過這個可能性，那就是貓神遊到另一個「地方」去了，就像神廟祭司在冥想或作白日夢時的狀態。這會被視為是一種靈性行為，甚或是展現出薩滿的行為。

家貓會盯著人類照顧者看，但如果我們沒有像上文描述的那樣緩慢眨眼回應，牠們就會別開視線。我們（身為人類照顧者，或是古時的神廟祭司）經常將這種行為解釋為一種感情的表現，或至少是一種貓對人感興趣的表現。又或許，牠們體內還保留著一種古老的衝動，一種對動物肉的渴望；當然，我們人類仍然是牠們的食物來源，儘管是間接地提供。

另一個值得思考的面向是貓蹲伏在門口的方式，真的就像埃及吉薩高原上的獅身人面像那樣，彷彿在監看和守衛。當我進浴室時，尤其是在早上貓咪仍然活躍的時候，史派克或其中一隻橘貓會站在門口，而且真的會伸出爪子，阻止另一隻貓進入——至少會維持個一、兩分鐘。不過，只要我繼續待在浴室裡，而且周圍沒有其他貓，史派克或其他貓就會靜靜地盯著走廊。這時的牠們似乎進入了一種恍惚（trance）狀態；恍惚並不是人類特有的狀態，這是指意識受到改變，專注於聲音、圖像或體感的一種狀態。進入恍惚狀態是一種強大的能力，特別是在身體療癒方面，因為這可讓大腦平靜下來，減輕壓力。我不知道處於這狀態的貓到底經歷到什麼，不過這種行為確實可以減輕壓力，從貓的肢體語言就可明顯看出這一點。

追蹤可見與不可見的事物

提到凝視就會讓我們想到貓的另一項有趣特徵，這算是一種行為或能力，那就是牠們可以看到並追蹤飛行中的昆蟲；我們人類可以看到蒼蠅，但卻很難加以追蹤。當家裡飛入蒼蠅、蚊子或其他小型昆蟲時，我們的貓會使出渾身解數來捕捉這些蟲子。一般來說貓不太擅長群體狩獵，因為牠們與狗或人類不同，只會互相妨礙。我見過內特——三隻橘貓中體型最小的那隻——拍打空中的蒼蠅，但並沒有將牠打死。另一隻橘貓雪酪則會長時間追蹤一隻非常小的蟲，不過我不確定這兩隻貓是否真的有捕捉並殺死過這些昆蟲。在我看來，最不可思議的是牠們能夠看到並追蹤這些飛行中的昆蟲。蚊子或蒼蠅本身沒有什麼營養價值，所以這些小蟲子似乎只是觸發了貓的狩獵和追蹤本能。這種行為與單純地凝視不同，這兩種行為有著不同的目的。追蹤鳥類並將其從空中擊落，是貓咪擅長的能力。牠們的追蹤能力似乎與牠們的反射能力相當，這對於尋找食物非常管用。貓咪的凝視行為和追蹤行為，至少部分是為了生存而設計，旨在偵測最輕微的動作並追逐獵物。此外，如前文所述，凝視也只是貓咪減輕壓力的多種方法之一。

體技傑出

貓是出色的雜技高手——這種天賦在樹上狩獵時不可或缺——牠們依靠內耳的感測功能，能在跌落後的短短幾微秒內迅速恢復平衡。只要貓處於意識清醒狀態，通常都可以四肢著地（Page 2008, 113-14）。然而，若是從約九公尺以上的高度跌落，貓可能就無法即時調整姿態。這說明了在樹上狩獵是危險的，確實存在摔落的風險，因此貓在這種環境中維持或發展出了許多生存機制。古埃及人和其他民族肯定將此視為一種神奇力量。貓的這種能力在生命早期就發展出來（Bradshaw, Casey, and Brown 2012）。在我們的祖先眼中，任何一種人類無法做到的行為，都可能被視為是超凡脫俗。

永保青春

正如動物行為專家布朗蕭（Bradshaw）、凱西（Casey）和布朗（Brown）在他們的著作中所評論的（2012, 8）：

從行為角度來看，馴化對貓的影響可能比對其他家畜來得小。已發生的基本變化大致有以下三種：（一）大腦尺寸縮小，這一現象常見於其他馴化動物，並伴隨對不愉快刺激的敏感度降低；（二）荷爾蒙平衡的改變，主要表現在腎上腺的縮小；以及（三）幼態延續（neoteny），即某些幼年期的行為特徵在成體中依然持續存在。

就小貓的掠食行為來說，這行為會持續到成年期。換句話說，這種行為不會像狗那樣隨成長消失或減弱。布朗蕭、凱西和布朗（2012, 9）指出，狗的掠食行為是「不完整的」。從這方面來看，貓似乎能「保持年輕」，而這種能力在過去可能被視為是超凡脫俗。請記住，每一隻貓都是獨立的個體，不同的貓會展現出不同的行為模式和潛力，這一點與人類無異，這也是可以預料的。

睡眠

貓平均每天會睡二十小時。由於牠們生性靈活，經常會根據照顧牠們的人類作息來調整睡眠習慣，這就是英文中「catnap」（小睡、打盹）的由來。白天，我們養在室內的貓會睡上一個小時左右，然後起來，如果旁邊有其他貓，牠們會一起玩耍；但通常，牠們會透過「說話」、在我身上磨蹭，以及——我最喜歡的方式——用稍微伸出的爪子輕撫我，來彰顯牠們的存在感。這是貓咪需要被撫摸的訊號，或者有時是想帶我去看牠們最新捕獲的「獵物」，好比說我妻子的髮帶。過去，神廟的祭司想必也會注意到貓的這種行為。

就跟大多數的哺乳類動物一樣，貓也會做夢，這可以從牠們睡覺時的抽搐、爪子抽動以及伴隨低聲的嘴巴張合等行為看出來。牠們會進入深度睡眠的「Delta 波」階段——彷彿在冬眠一樣。熊也是如此，只不過熊會持續長達數週或數月的時間，這是度過食物不易獲得的冬季，藉以儲備能量的一種方式。貓似乎每天都會進入這種「小型冬眠」狀態幾個小時，或許是為了節省能量，這一點與蜂鳥類似。在古埃及，做夢是占卜中的一項重要程序，祭司甚至能透過做夢來獲取報酬（Szpakowska 2003）。他們勢必認為貓也是如此，可以在做夢時進入另一個世界，也就是神祇與惡魔的世界。

生理狀態要達到適當平衡，顯然必須做夢；不過對於夢的解讀，則是非常私密的事情，至少對人類來說是如此。當我們清醒時，會共享許多符號和圖像，諸如樹木、汽車、人物等等，但它們的含義則是見仁見智。貓的世界則截然不同，當貓做夢時，夢的內容仍是一個謎。然而，我們三千萬年前的遠古祖先有時會夢見貓，而貓同樣也會夢見我們的祖先。關鍵在於，無論夢對人類有什麼用途，對貓來說可能也是一樣的。再者，如果祭司能夠透過夢境來與靈性世界產生連結，他們自然會假定貓也具備相同能力。更多關於夢的討論請參見第七章。

嘔吐

貓最為人詬病的一點就是會吐毛球，儘管狗也可能會嘔吐。除了睡覺之外，貓還會花費大量時間理毛，在這過程中會吞下大量毛髮。大部分的貓毛會透過消化系統排出（其中有些會被消化掉）。然而，大量的毛髮也會經由口腔吐出，形成所謂的「毛髮結石」（trichobezoar），也就是一團被膽汁和其他消化液濕潤的未消化毛髮——通常我們稱之為「毛球」。儘管被稱為「球」，但毛球很少呈球形，多半是細長或圓柱形。這不禁讓人好奇，古人是如何看待貓的這種行為以及那些毛球。貓會把身體壓得很低，乾嘔幾下，然後吐出一條毛茸茸的圓柱體，看起來就像一具迷你木乃伊。這畫面有點像阿努比斯參與將歐西里斯製成木乃伊的儀式，為他擔任冥界死者審判官的角色做準備。我從未在任何文獻（尤其是醫學文獻）中看過關於貓和其毛球的相關記載，所以以上描述純屬我個人的猜測。

貓作爲薩滿、騙子和怪物

對養貓經驗豐富的愛貓人士來說，他們可以理解貓為何有時會背負「壞」名聲。貓天性好奇，數百萬年來，為了在牠們的世界中生存，貓必須了解其領域的特性，因為那裡持續提供牠們生存所需的熱量。這表示牠們必須對新資訊（例如掉落的樹枝、地上的洞或新氣味）保持好奇與謹慎。舉例來說，尤其在冬季，我們會在出入口附近的地板放上墊子。當我們第一次鋪上這些墊子時，貓看到地面上這個新「東西」時通常會往後跳，然後再小心翼翼地接近。牠們也許會拍打地毯，或至少會聞聞氣味，最後再用牠們頭部側面的氣味腺進行標記。貓在近距離看不太清楚，因此在檢查不熟悉的物體時，牠們通常會使用鬍鬚。

話雖如此，我家的貓還是會跳上桌子，好似在尋找什麼似地移動物品，而且常常會把「玩具」撥弄到地板上。這似乎是牠們自幼便存在基因裡中的一部分，而且會一直持續到老年。牠們的好奇心以及有時帶來的破壞性本質，再加上我們身上因古代掠食動物而留下的天生對黑暗的恐懼，這一切集合起來共同塑造了各種神話題材，描繪出妖貓、會變形的惡靈，以及形形色色的魔物。正如貓文化史作者與藝術家沃塞爾（Vocelle）恰如其分地指出，貓既曾備受尊崇，也曾遭到辱罵。她這樣評論道：

> 伊索（620-546 BCE）在大約十五個寓言中以貓為主要角色。其中一些寓言，例如「貓和維納斯」，取材自希臘神話，另有一些則借自印度的傳說故事。幾個世紀以來，這些寓言不斷被增補和修改，可以肯定的是，我們今天讀到的版本並非全出自伊索之手。在這些故事中，貓的形象大多是聰明、狡猾、詭計多端且一心只想自保的騙子。（2017, 59）

許多歸於伊索名下的寓言，大量探討了騙子經常在無意間露出馬腳的後果。維納斯女神通常不會被描述為騙子，但這一點可以由讀者自行決定。在「貓與維納斯」中，我們看到一項考驗，旨在觀察個性和行為是否可以被改變。簡言之，一隻貓愛上了一位英俊男子，懇求維納斯將牠化作美麗少女，維納斯立即答應了。貓——現在已是個美麗的少女——和那位英俊的年輕男子結了婚，但維納斯好奇身體的轉變是否會帶來相應的行為變化。於是，維納斯放出一隻老鼠，這時少女立即追了出去。看吧！雖然身體改變了，但少女的內心仍然是一隻貓，於是維納斯又把少女變回了貓。這則故事的寓意是：外在可以改變，但內在的本質卻保持不變（Aesop 1912）。

究竟什麼是騙子？騙子可以是欺騙他人者，但也可以是一位擁有祕密知識的神奇幫手或惡作劇者。其中一位眾所皆知的著名騙子，就是英國文學家路易斯．卡洛爾所著《愛麗絲夢遊仙境》（*Alice in Wonderland*）裡的柴郡貓。在故事中，牠會提出謎語，同時傳授重要的道理。我一直認為，柴郡貓其實是愛麗絲在夢境轉換狀態下與自己對話的投射。在我看來，這已經進入了量子層面，也就是波函數。從這個意義上來說，愛麗絲就是柴郡貓。關於波函數的討論，請見第七章。

另一位著名的騙子是北歐神話中的洛基（Loki），他能變化形態，化作蒼蠅、母馬、跳蚤和鮭魚等不同模樣，但從未化作貓。他以在眾神中製造混亂而聞名，不過有時他也樂於提供幫助。

在古埃及神話中，賽特是個善用詭計的神祇，他是歐西里斯的邪惡弟弟，並用詭計殺死了歐西里斯。賽特象徵著沙漠中的神祕和邪惡，也代表著社會的罪惡。而阿波菲斯（或稱阿佩皮），則是冥界中的巨大宇宙蛇，代表著宇宙的邪惡勢力。無論是社會的邪惡，還是宇宙的邪惡，這兩者都無法完全剷除。因為若是這樣做，也會同時消除任何與之相對應的「善」，進而導致科學家所稱的「有形宇宙」瓦解，因為這個宇宙正是由成對的對立面向所構成。下面的故事被稱為「歐西里斯循環」（Osiris Round），理解這個故事中的象徵符號，可以讓我們大致掌握埃及的形上學。順帶一提，這可能正是《聖經》中該隱與亞伯故事的原型。

歐西里斯代表善良和生育，賽特則象徵與之恰恰相反的邪惡和死亡；而數字七十二這個符號則與歲差（precession）相關。歲差指的是黃道帶沿天球移動時，大約每七十二年就會偏移一個弧度；將七十二乘以三百六十，就會得到二五九二〇年。這正是地球因週期性擺動，在自轉軸方向發生完整一個迴旋，並穿越整個天球所需的時間。儘管天文考古學家馬基里（Magli, 2009, 274-76）認為七十二這個數字可能「毫無意義」，但該怎麼解釋這個奇特的數字，竟會不約而同地出現在埃及、東印度、中國、馬雅（Maya）和阿茲特克（Aztec）等不同文明的神話中（Santillana and von Dechend 1969）?

另外，十四這個數字代表了月相週期的一半，象徵著生命、死亡和回歸（請記住，月亮在每個月的週期中約有一天會「靜止不動」）。母獅神塞赫麥特代表著嚴肅且伴隨重大後果的守護者，而貓首女神芭絲特則代表生育和分娩。伊西斯象徵忠誠和純潔，而奈芙蒂斯則代表家庭中性感的女神——正如某些西部鄉村歌曲所唱的「早晨的天使，夜晚的魔鬼。」此外，這些角色會隨著講述者不同而有所變動，可能是埃及人、希臘人，或是英國知名神話學家喬瑟夫．坎伯（Joseph Campbell）。故事就此展開……

在一個漆黑的夜晚，當法老歐西里斯的妹妹兼妻子伊西斯不在宮中時，賽特的妹妹兼妻子奈芙蒂斯悄悄溜進歐西里斯的臥室，並與他發生關係。當時他睡得很熟，並沒有認出她來，至少這是他日後對伊西斯的說法，而伊西斯似乎對此也沒有太在意。在這次的結合後，奈芙蒂斯生下了長有豺狼頭的男孩阿努比斯。賽特大為震怒，加上他一心想成為法老，於是決定謀殺他的兄長。

於是在另一個漆黑的夜晚，賽特潛入歐西里斯的臥室，精確地測量了他的身體尺寸。由於歐西里斯早已熟睡，完全沒有察覺，賽特就這樣輕易離開。之後，賽特將這尺寸交給了他的御用棺材匠，並吩咐道：「按照這尺寸，準確無誤地製作棺材，並且要將它打造成有史以來最美麗的棺材，超越王國中所有其他棺材。」

接獲指示後，棺材匠回到作坊，選用上等的黎巴嫩雪松和他最好的工具，精雕出一口無與倫比的棺材。雖然花費了一些時間才將尺寸做到精準無誤，但一個月後，棺材便已準備就緒，正好趕上節慶。所有賓客都受邀出席，他們穿上最好的華服，頭戴假髮，盛裝赴宴。當派對氣氛達到高潮時，賽特推出這口精美的棺材，並提出一個挑戰：「大家都可以來試試這口棺材，只要誰能完美契合，就可以擁有它！」

結果奈特和塞赫麥特等人都先後爬進去試躺，但沒有一個人能完美貼合。最後，在眾人多次慫恿下，歐西里斯也爬了進去——結果竟然完美合身！就在此時，七十二位侍衛從簾子後面現身，砰地蓋上棺材蓋，用十四條青銅帶將棺蓋牢牢固定，然後把它丟進尼羅河，毫無防備的歐西里斯就這樣溺斃了。

歐西里斯的棺材沿著尼羅河漂流，穿過三角洲，最終進入地中海。在一場暴風雨中，裝著已逝歐西里斯的棺材被沖上了黎巴嫩的海灘。隨著時間流逝——當然，在神話中並不存在時間的概念——黎巴嫩雪松的根從棺材中長出，最後長成一棵美麗的雪松樹。這棵樹散發著美妙的香氣，令當地國王著迷不已，於是他下令將這棵樹砍倒，雕成一根柱子，帶回宮殿，置於即將出生的王子育嬰房中央。

與此同時，伊西斯沿著尼羅河尋找她深愛的兄長兼丈夫，她懂得海流的走向，最終抵達黎巴嫩，在那裡，她遇到了在井邊的三個年輕少女。伊西斯為她們梳理頭髮，並流露出像慈母般的關懷，隨後從她們口中得知，國王和王后剛生了一位王子，需要一名保姆。伊西斯身為女神，當然知道歐西里斯就在王宮的某處。她謝過這些少女後，隨即前往王宮，在那裡她受到歡迎，並立即被任命為保姆。

一進入育嬰室，伊西斯便能感覺到歐西里斯就封存在這位強大國王宮殿的柱子裡。她需要將歐西里斯帶回埃及，因為沒有埃及人願意葬於異鄉，然而此刻，她還有一位王子需要照顧。白天，她用小指餵養王子，賦予他力量、強健體魄和知識；到了晚上，她將他放置在壁爐中，以火去除他的凡人本質，使他得以長生不朽——這是她為了感謝國王和王后的盛情款待，所能盡的心意。當小王子在壁爐中時，伊西斯就會化作燕子，悲傷地繞著那根柱子盤旋飛舞。

這樣的情況持續了許多個夜晚，直到有一天晚上，國王和王后突然來到育嬰室，赫然看到這隻鳥繞著柱子鳴叫盤旋，而他們的親生孩子卻在壁爐裡被火焰吞噬！正如你所能想像的那樣，王后發出一聲尖叫，瞬間破除了咒語，孩子也因此喪生於火焰之中。

這時，伊西斯恢復人形，讓王子復活，並解釋了來龍去脈，告訴他們歐西里斯現在就身處在房間內的柱子裡，並請求國王允許她帶歐西里斯回家。國王應允了她的請求。那根柱子被放置在一艘駁船上，伊西斯帶著死去的歐西里斯返回了尼羅河三角洲。進入三角洲後，伊西斯便從柱子中取下棺材，拆除了青銅帶和蓋子，然後緊緊地躺在死去的歐西里斯身上，從而懷上了荷魯斯。一段時間過去後，在守護者母獅神塞赫麥特和分娩女神芭絲特的幫助下，透過靈性感孕的伊西斯將光明之神荷魯斯帶到了世間。

此後不久，塞斯在沼澤中追趕一頭野豬時，偶然發現了歐西里斯的屍體。盛怒之下，他將歐西里斯撕成十四塊，並將其碎片散落在各地。現在，伊西斯必須再次重新尋找歐西里斯，她在阿努比斯的協助下，找回了十四塊中的十三塊。第十四塊落入尼羅河，被一條魚吃掉——這便是天主教星期五食魚肉傳統的由來，象徵食用神聖肉體的儀式意涵。與此同時，阿努比斯重新將歐西里斯的身體組合起來，為他進入冥界做好準備，自此，歐西里斯由上層世界的生育之神，轉為冥界的死者判官。

這一切和貓有什麼關聯呢？母獅神塞赫麥特不僅出現在最初的派對上，在荷魯斯誕生時也擔任守護者；此外，還有代表生育力的貓首女神芭絲特。而守護與生育力，正是貓被賦予的兩大特徵。狡詐的欺騙者和邪惡的惡魔總是蠢蠢欲動——過去由於嬰兒死亡率很高，人們認為孕婦特別容易吸引惡魔——而少了保護者，騙子也不可能存在。因此，在神話主題中，我們便會看到貓作為生育的守護者和象徵的核心形象。這兩種屬性在當時都會被視為具有靈性，因為貓所守護的是伊西斯和歐西里斯這兩位神祇的兒子——光明和生育之神荷魯斯，祂象徵著生命、死亡與回歸循環中新生命的誕生。

在歐洲民間傳說中，最狡黠的貓莫過於「穿靴子的貓」（Puss in Boots），這個故事最初約於公元一五五〇年由義大利作家喬瓦尼·史特拉帕羅拉（Giovanni Straparola）構思，不過更廣為人知的版本出自法國作家查爾斯・佩羅（Charles Perrault, 1628-1703）的改寫。故事中，穿靴子的貓就像許多騙子一樣，利用自己的機智與謀略獲得了財富和權力，最終還娶了一位公主。

如前所述，日本的民間傳說中包含一系列引人入勝的「妖怪」(Foster 2015; Nishimoto 2021)。這些妖怪也許曾是真實存在的——例如在樹林裡遇到的動物，或者可能是只是牆上的影子，甚至是吸食某種物質導致的幻覺。其中許多屬於都會傳說，也有一些是鄉村傳說，而部分妖怪則是真實的貓。在這些貓之中，有許多被稱為怪貓（かいびょう），它們被描繪得十分邪惡。以下將會重複一些日文和中文的資料，以便呈現不同的觀點。

在日本，人們普遍認為貓受到詛咒，並且擁有巫術。牠們是惡靈。幽靈妖貓可以爆長成巨大無比的體型，恐嚇整個村莊，儘管牠們幾乎隱形，難以察覺。牠們巨大的臉龐和帶有威脅性的笑容可能會緩慢地從牆中浮現，然後又逐漸消失，從此糾纏著人們。

據說貓也擁有對抗亡靈和惡魔的力量，尤其是海靈。日本水手相信溺水者的靈魂永遠無法安寧，因此他們會在船上養貓，以保護自己不受到海靈入侵。這些海靈是由成千上萬名溺水水手的悲傷靈魂所組成，他們不斷地尋找陸地安息（Knappert 1992, 41-42）。

你看，貓有好的一面，也有壞的一面，每一面都需要一個故事來流傳，算是某種警示。

作為怪異的生物，貓是陌生人，而陌生人有能力作惡。戴維森（2021, 53）曾對此評論道：「小心不要把家裡甜美可愛的貓養太久。一旦這隻備受寵愛的小貓長到一定年齡，牠的尾巴就會裂成兩半，並開始用後腿走路。屆時，你的貓將擁有凶猛的力量，開始牠的第二生命，成為『貓又』（ねこまた），這是一種可怕的妖怪。」

你可能已經注意到，談及日本的妖怪——無論是貓類或是其他種類——其時代背景通常都會落在江戶時代（1603-1867）。這不僅是日本藝術的黃金時代，也是妖怪的黃金時代。日本傳說中的怪物大多都是在這時期誕生。然而，「貓又」比其他種類的妖貓早出現了五個世紀。這足以顯示其在日本文化中根深蒂固的地位。「貓又」的其中一種魔力是死靈術（necromancy），能夠讓死者復活並加以控制，有點像是將亡者變成殭屍。此外，也有人將神祕火災或事故等不尋常的經歷或事件歸咎於牠們。

我認為戴維森上述說法最有趣的一點是，日本民間傳說中的大多數怪物都出現於一個特定時期：那時社會動盪不安，人們可能被陌生人環繞。而對陌生人的恐懼，可以追溯到——你猜對了——那些曾以人類祖先為食物的陌生貓科動物。畢竟，最初我們與貓科動物唯一的關係，就是牠們的飢餓以及我們作為食物。陌生人會「活活把你吃掉」，或是以其他方式讓你的生活變得悲慘。

在日本，貓也有吸血鬼的名聲，被稱為「化貓」（化け猫）。相傳肥前皇子曾有一位情婦，但她實際上是一隻巨貓，或是一個擁有貓靈的生物。每晚她都會對守衛施咒，然後進入皇子的寢宮。漸漸地，皇子病倒了，病情不斷惡化，生命危在旦夕。最後，一位名叫伊藤曹達的士兵自願守夜。為了讓自己保持清醒，他用匕首插進自己的肉裡，靠著疼痛抵抗貓妖的巫術，所以儘管中了咒語，他卻沒有睡著。在黑暗中，僅僅是他那警惕的目光，就讓妖女無計可施。她從此不再出現，幾個晚上後，皇子便康復了（Knappert 1992, 316）。

怪貓還有其他類型，其中一種叫「火車」（かしゃ）。戴維森（2021, 67）對此評論道：「火車妖貓是日本妖怪中的一大難題。幾個世紀以來，火車妖貓從魔鬼拉動的火焰之車，演變成一隻年老成精的食屍貓怪，甚至有人質疑是否應該稱牠們為妖怪。他們與宗教角色有更多共通點，例如在佛教地獄中殘酷施行懲罰的鬼。雖然在日文中，妖怪可以作為怪物的統稱，但火車妖貓更準確地說，應該是惡魔。」或許牠們的惡魔本質，解釋了何以在現代，像「貓又」和「化貓」等其他怪貓都已成為可愛的卡通角色，而「火車妖貓」卻仍然令人生畏。火車妖貓實在是與可愛沾不上邊。

關於貓吃屍體的傳說可能其來有自。曾於越南服役的美國士兵報告指出，他們在夜間巡邏時，曾目擊老虎或豹因應他們與敵軍的交火而前來，拖走死傷者，甚至攻擊活著的人類（網路上有許多這類故事）。戰鬥中因槍聲、刀劍碰撞以及傷者和垂死者的呻吟聲而產生的噪音，肯定會引起食腐動物和掠食者的注意。貓是充滿好奇心的機會主義者，牠們肯定會拖走以任何方式獲得的新鮮獵物。

動物學家舒克（Shuker, 2020, 101-2）引用了一份一九六九年美軍在柬埔寨邊境遭遇一頭老虎的報告，當中的描述如下：「那頭老虎白色的部分是白色，黑色的部分是黑色，但所有本應是橘色的部分都變成了淡綠色。」士兵們目瞪口呆，彷彿出現了幻覺。這隻動物似乎一點也不害怕人類，最終，在對峙了幾分鐘後，老虎便悠哉地走開了。舒克在他的《重訪世界奇貓》（*Mystery Cats of the World Revisited*）中指出，奇怪的動物——這裡指的是貓——會出現在許多意想不到的地方。而且很可能，儘管經過修潤，但在世界各地仍有許多人將目擊到的不尋常、不合時宜的動物，解釋為天使或魔鬼。

火車妖貓或魔貓與日本早期的薩滿教傳統——神道教——有著密切關係，很可能還與佛教傳入亞洲前便已存在的苯教薩滿傳統（Bonpo shamanic tradition）有關。如前所述，在日本民間傳說中，火車妖貓被視為一種妖怪，是一種超自然的怪物、幽靈或惡魔。但它們也可以是陰間的判官，經常在葬禮上搶走屍體。

神道教，作為日本更古老的薩滿傳統，將家貓定義為一種危險的超自然實體，通常統稱為「妖怪貓」，其中便包含「又貓」、「火車妖貓」和「貓又」等特定類型。妖怪貓的體型大小不一，小至老鼠尺寸，大到與人類相當。有些還會用兩條腿走路。有些能夠隨意出現和消失，有些則會變身，呈現出普通貓或人類的外表，包括牠們的男、女主人。牠們可能會施展詭計來行騙，但正如前面提到的某些故事（例如關於火車妖貓的傳說）所示，牠們更加凶惡，甚至會吃掉牠們的主人，或做出更糟的行徑——從墓地偷走屍體來吃。這裡將火車妖貓描述為詭計多端者，有時是食人者，有時是惡魔——火車妖貓可以展現出多種惡魔般的性格。

專門研究日本民俗學與妖怪的學者佛斯特（Foster, 2015, 215-16）進一步談論了化貓：

日本民間傳說中有大量妖怪貓的例子，它們擁有各種不同的形象，有的被描繪成投機取巧的騙子，有的則是凶惡殘暴的怪物。貓咪安靜而睿智的神情，加上生性隱密，擅長潛行，以及強大的發聲能力，這些特點共同營造出一種神祕且超凡脫俗的感覺，這或許就是其原因。在日本，就像世界上許多地方一樣，貓在人類生活中似乎占據了一個模糊且搖擺不定的位置。前一分鐘牠們還安靜地坐在我們腿上，發出咕嚕聲，下一分鐘就去追逐老鼠了。牠們既居家又能融入野外，無論在城市或鄉村環境都能怡然自得，同時與人類建立密切關係，又歸屬於自然世界。或許，無論是野貓還是家貓，在妖怪民間傳說中扮演著重要角色，這一點並不令人意外。

江戶時代的浮世繪畫家鳥山石燕，在他的第一本畫冊中描繪了一隻「貓又」。牠用兩條腿站在房子的外陽台上，頭上戴著一條小手拭巾。另一隻貓——很可能不是妖怪——坐在牠下方的地面上，而第三隻貓則似乎在屋內向外張望。儘管石燕在此並未寫下任何解釋，但這幅畫中的貓又被描繪成介於人類與動物世界之間的中介。牠雖然野性，卻頭戴著手拭巾，像人一樣用兩條腿站立，而且實際棲息在人類住處的外緣；在牠後面有一隻室外貓（野貓？），而前方屋內則有另一隻貓（家貓？）。圖上沒有文字說明，這暗示著「貓又」是當時廣為人知的妖怪，因此沒有必要多加解釋。

另一種妖猫是「化猫」，大致可以翻譯為「怪物猫」。最著名的化猫奇譚要數「鍋島化猫之亂」（鍋島猫化け騷動），這則傳說源自於十六世紀發生在肥前（今日的佐賀）的一場繼承糾紛——史稱「鍋島之亂」。有些版本的鍋島傳說只是簡單的復仇故事，而另一些版本則加油添醋地增添了複雜的情節，其中包括一隻偽裝成女人的妖貓，最終被鍋島家族一位極其忠誠的家臣所殺。這些敘事本身可能要到江戶時代末期才流傳起來，遠晚於最初的騷亂，但卻因聳動的歌舞伎劇、狂言劇及木版畫插圖而廣受歡迎。到了二十世紀，這個故事的不同版本還被拍成電影，例如由田中德三執導的《秘録怪猫伝》（*The Haunted Castle*, 1969）。

日本導演中川信夫改編一則名為《亡霊怪猫屋敷》（Nishimoto 2021, 273-75）的日本故事，在當中結合了史蒂芬·金（Stephen King）的《禁入墳場》（*Pet Cemetery*）元素和《伊索寓言》中的「安德羅克里斯和獅子」。

從前從前有一戶人家，女傭對家裡的貓非常疼愛，不像女主人總是對貓很冷淡。事實上，女主人一直希望這隻貓能從家裡消失。有一天，她終於如願以償，而女傭則因為失去朋友和同伴而感到悲傷不已。

有一天，一位祭司告訴女傭，他在遠方一座小島上的大宅邸裡看到了這隻貓。女傭於是請了假，在獲得主人批准後，便動身前去尋找她的貓。抵達目的地後，有人告訴她可以去借住不遠處的一處豪宅。她來到這座宅邸，表示自己在尋找心愛的貓，卻得到一個奇怪的回答：「妳也想被吃掉嗎？」儘管如此，她還是被帶往房間休息，最後，她找到了她心愛的貓，而貓給了她一大筆錢，並告訴她盡快離開這個地方。

得知貓安全無虞，女傭萬分不捨地離開，帶著錢回到了家，並將發生的事情告訴了女主人。女主人心想自己也曾經「照顧」過這隻貓，於是決定前往那座豪宅，獲取同樣的賞賜。結果，她一抵達，便迅速被貓吃掉了。

這則故事的寓意是：善待怪物，它們可能會報恩。同時也點出了貓的雙重個性，既能為善，亦能為惡。

中國和日本共享許多與「讙」有關的神話，這種出現在《山海經》中類似貓的神獸，與日本神話中的「貓又」有相似之處。「讙」的體型中等，很像貓，但卻是獨眼，且長有三條尾巴。據說擁有「讙」的毛皮可以帶來好運，而且牠還具有藥用價值。雖然在意義上與豹皮有所不同，但也存在一些相似之處。稍後將再詳細介紹「讙」。

中國神話中存在大量珍禽異獸，其中大多數僅出現在特定地理區域，如丘陵、山谷和沼澤等地。以下大部分資料取自中國詩人陶淵明（365-472）的《山海經》，但這很可能是集結眾人的作品。[15] 有趣的是，這本書中所描述的動物有些可能是真實存在的，當然在書中會加以誇飾。其中一個例子是看守北京紫禁城門前的守護獅（又稱福狗）。當你進入城門時，會面向一對石獅。右側是公獅（陽），右爪抓著一顆球或地球儀，代表世界，那是皇帝（男性）的領域；左側是母獅（陰），左爪下方有一隻小獅子。她象徵這座宅邸的主宰者，掌管屋內發生的一切。兩隻獅子的頭上都有圓形凸起，據我了解，這種凸起越多，就表示獅子越強大——這當然是皇帝和皇后的權勢象徵。而且，兩隻獅子都長有五根手指或爪子。只有皇帝和皇后的宮殿才能有石獅雕像鎮守，也只有他們的服裝上能夠有獅子樣式的圖案。由此可看出符號的力量及其含義或指涉的豐富性；一個符號能同時指向多重意義。以下要介紹的同樣是組合而成的動物，這取材自孫建坤（Jiankun Sun）的《山海奇獸》（*Fantastic Creatures of the Mountains and Seas*, 2021）[16]。

西王母，據信是西方的王母，「擁有女人的上半身形體，但長著豹的尾巴，在誘人的嘴唇後面還有一對虎牙，並且會發出野獸般的嚎叫聲。她蓬鬆的頭髮以玉飾固定，能夠在大地上降災、瘟疫和懲罰，好比一個不祥的星座。雖然在外觀上並非沒有吸引力，但由於握有駭人的職掌，因此這種非傳統、近乎野性的美麗，令人望而生畏，散發著不祥的光環。」(Sun 2021, 62-63)。

在這類敘事中，因為人需要為發生的壞事找理由，尋找一個可歸咎的對象——無論是某事還是某人——於是便在敘事中建立起因果關係。此外，在面對未知事物時，人們傾向於直接判定為危險，這僅僅是因為無法預測在樹林裡會遇到什麼。

前面所提到的「讙」，在其故事中大可以替換成野貓、狐狸或其他類似動物，這些都是可以想像的素材。孫建昆是這樣描述「讙」的：「（這種）奇怪的生物名叫『讙』，是一隻獨眼的三尾貓，據說模仿能力極強，能模仿百獸鳴叫。目前尚未找到明確證據能夠證明這個奇特生物具有驅邪降魔的能力，也沒有發現吃牠的肉可以治療黃疸的案例。牠的尾巴沒有任何已知用途。」(Sun 2021, 70-71)。

理論上，我們生活在一個（至少是）成對的宇宙中。然而，只有在進入時間之場（物質世界或物理世界）和荒野時，才有可能遇到善靈與惡靈，也就是邪惡的一方。

「駮」是一種長得像馬的神獸，據說可以被馴化，關於牠的描述如下：「體態威嚴的『駮』擁有純

15 譯註：此處作者可能誤植。東晉至南朝宋時期的士大夫兼詩人陶淵明在讀了《山海經》與《穆天子傳》後寫了《讀山海經》共十三首組詩。《山海經》是先秦時期的古籍，作者不詳。

16 編註：本書為中國清華大學出版社於二〇一五年出版的《山海經》英文版，作者孫建坤被譽為國學天才，以文言文搭配白話文翻譯及故事解讀形式介紹《山海經》故事。為與古籍《山海經》區隔，採用《山海奇獸》的譯名。

白的身體、漆黑的尾巴，以及一隻從鼻梁上突出、昂首向天的獨角。牠的牙齒和前蹄類似於老虎的尖牙和利爪，只是沒有那麼突出。這種被馴化的『駮』會發出鼓般的叫聲，能夠保護騎士，讓他不會對戰爭感到恐懼，部分原因在於牠並非草食性的，而是以老虎和豹為食。當牠載著騎士穿過中曲山茂密的樹林時，即使是最強大的掠食者也會退避三舍，不敢輕易靠近」(Sun 2021, 78-79)。[17]

騎乘魔獸的渴望反映出人們想要擁有自身缺乏的能力。在現代科技的幫助下，我們確實可以擁有其中一些能力，但對我們的祖先來說，他們所擁有的只是經驗、想像和敘事。許多文化傳統中都有提到飛馬，例如希臘神話中的飛馬佩加索斯，和印度教中毗濕奴的末劫化身迦爾吉（Kalki）所騎乘的白馬德瓦達塔（Devadatta）。還記得《哈利波特》中的天馬阿不拉薩（Abraxan）嗎？不論是「駮」，還是阿不拉薩，牠們都有保護的作用，而不單單只是運輸用的駝獸。

人類有想像的能力，其中許多顯然涉及將眾多已知生物的各方面及其力量和能力結合起來的需求。「諸犍」就是一種奇特的山地生物：「其面部特徵似乎錯位或發育不全，鼻孔上方長有一隻單眼，牛耳之間有一張小嘴。牠的身體像極了一頭巨大的豹，全身布滿斑點，還有一條極長的尾巴，走路時會銜著尾巴，使其離地。據說這條具有抓握力的尾巴，在『諸犍』休息時會盤繞在身體旁邊。」(Sun 2021, 94-97)[18]

「諸犍」的外形確實奇特怪異，或許正是因為這種動物的奇異性，牠才被歸類為「異端」，具有未知的特性。這也是我們對來自太空的外星人，或是陌生「他者」的想像方式。

「奢比屍」很可能是一種真實存在的動物，即獅子。「屍」在中文裡與「獅」同音，讀者可以想見，「奢比屍」會具有一部分獅子的特徵。孫建坤的描述是：「奢比是一種蛇龍或龍，但牠的身體、尾巴和爪子像是凶猛的貓科動物，長有人臉，還有一雙銳利的眼睛，鼻子上方伸出一隻角，大耳朵裡面還有蛇鑽出來。」(Sun 2021, 248-51)

儘管屍（獅子）沒有人臉，但「奢比屍」似乎很可能是紫禁城中那些中國龍的原型。根據對「奢比屍」的描述：「牠是一眾異神，不知為何，被一位更高階的神所殺。但其精魂不滅，藉由屍的形態繼續活動。」(Sun 2021, 248-51)[19]

「奢比屍」被賦予神一般的地位，這是將其與屍連結起來的另一個原因。上述的述描指出，「屍」的靈魂就像王權一樣是永恆不變的，即使肉身可能死亡，這與西方君主登基時所喊出的矛盾宣言「國

17 譯註：此文應出自《山海經》：「中曲之山有獸焉，其狀如馬而白身黑尾，一角，虎牙爪，音如鼓音，其名曰駮，是食虎豹，可以禦兵。」

18 譯註：此文應當是出自據《山海經．北山經》：「又北八百里，曰單張之山，其上無草木。有獸焉，其狀如豹而長尾，人首而牛耳，一目，名曰諸犍，善吒，行則銜其尾。」

19 譯註：此處作者確實談的是「奢比屍」，但他可能因為同音，誤將「屍」與「獅」聯想在一起。根據《山海經》，盤古開天闢地後化身洪荒，其精血分十二份，然因為精血無實體，之後便化為十二巫祖，其中之一便是奢比屍。《山海經》的《海外東經》）中記載：「奢比屍……獸身、人面、大耳，珥兩青蛇。」與作者這裡的詮釋有些差異，且與「獅」並無關係。

王駕崩，國王萬歲！」有異曲同工之妙，實際上意謂著「國王永遠不死」。

《山海經》與《山海奇獸》中所描繪的大多數生物，都直接與我們遠古祖先在面對掠食者、陌生人、神祕未知的外部力量時所產生的原始恐懼感有關。一隻獵豹就已經夠可怕了，但如果還有更駭人的生物呢？

關於貓怪的更多資訊

神祕動物學（cryptozoology）是一門研究古往今來存在於故事中的傳奇生物的學問。由於沒有實質的科學證據可以支持這些傳聞的存在，牠們因此屬於神祕動物學的範疇。然而，隨著魚類和其他被認為早已滅絕的動物被重新發現，如今看來一切皆有可能。這些故事包括雪人（Yeti）、尼斯湖水怪，以及傳說棲息在挪威海岸的巨大海怪克拉肯（Kraken）。從北歐到中國，東南亞到非洲，再從加拿大到南美洲的最南端，世界各地都有關於可怕野獸的傳聞，這其中也包含與貓有關的生物。

凱爾特人與貓怪有著悠久的淵源，但同時他們也強烈認同貓所具備的力量。

長久以來，馴養的貓科動物一直在凱爾特人的想像中扮演著要角，儘管不如狗或其他幾種大型野生動物那麼顯著。古代雕刻頭像上的貓科特徵，可能暗示著一種恐懼。奪取愛爾蘭王位的凱爾布雷·辛恩查特（Cairbre CinnChait），其名字含義正是「貓頭」。凱爾特傳統中流傳著多種貓怪，包括蘇格蘭高地的貓妖精（cat sith）和威爾斯的凱斯帕魯克貓（Cath Paluc）。愛爾蘭神話中的愛神與美神克里德娜（Clidna）將艾比爾（Aibill）變了一隻白貓。在早期的蘇格蘭蓋爾語中，昔得蘭群島（Shetlands）被稱為「貓島」（Inise Cat）。同樣位於高地的凱思內斯郡（Caithness）——現已廢郡——顯然是因為過去一個以貓為徽章的部族而得名。在蘇格蘭，過去會舉行一種稱為「塔格海姆」（taghirm）的殘酷占卜儀式，過程中會直接焚烤活貓。在愛爾蘭民間傳說中，基爾肯尼貓（Kilkenny）似乎源自於一個相互毀滅的政爭故事。在愛爾蘭的其他地方，普遍認為黑貓會帶來幸運，還認為黑貓血可以用來治癒「聖安東尼之火」，也就是丹毒（erysipela）。（MacKillop 1998, 69）

凱爾特學者麥基洛普（MacKillop）提及的「貓妖精」讓我們對此有更多認識。我徵詢過蘇格蘭的親友，得知許多這類故事已經逐漸為世人遺忘，沒有再被人講述覆誦。以下這段故事選自《世界上最恐怖的貓傳說》（“The Worlds Creepiest Cat Legends”, 2018）：

貓妖精是凱爾特和蘇格蘭神話中的妖精生物，體型碩大，全身覆蓋黑毛，只有胸前會長出白毛。雖然過去的人認為貓妖精本質上是幽靈，但這其實是發想自一種真實生物，稱為凱拉斯貓（Kellas），這是野貓和家貓的雜交種，僅在蘇格蘭發現。當時的人認為這種貓心懷不軌，生性邪惡，甚至渴望在人死後立即吞噬他們的靈魂。在每年的薩溫節（Samhain）——也就是現在的萬聖節——人們會在室外放一碟牛奶，這樣就會受到牠的祝福，而那些沒有放的人家就會遭受詛咒。還有一點很有趣：蘇格蘭人相信貓妖精實際上是女巫變身而來的，不過這名女巫一生只能變形九次。有學者認為，這就是貓有九條命的說法的起源！

儘管這些愛爾蘭傳奇故事中的生物是在幾千年前想像出來的，但至今仍有目擊事件傳出。都柏林有一堆關於鬼屋的傳說，其中一則便是位於唐頓莊園的基拉基屋（Killakee House），傳說那裡有一隻貓怪出沒（Lifes Abundance 2018）。

就連冰島也流傳著貓怪的故事，其中有些可能從數百年前的維京人傳承下來，不過凶狠的聖誕貓（Jólakötturinn）肯定並沒有這樣悠久的歷史，據說牠會埋伏在鄉村小路上，攻擊任何沒有身穿漂亮新衣服的人。顯然，這是一個當地農家晚近才杜撰出來的故事，目的是為了鼓勵大家在秋季之前完成羊毛處理的工作（Van Huygen 2017）。在這個故事中，我們看到的是一種受到經濟誘因而誕生的怪物。

此外，高盧人的故事中也很常提到黑貓，這不禁讓人想知道，天主教會在貓的妖魔化上到底有多大的影響力？尤其是對黑貓的妖魔化。「貓之王」（The King of the Cats）是則英國故事，講述一位掘墓人遇到九隻黑貓，牠們抬著一口小棺材，棺材上放著一頂王冠。其中一隻貓跟掘墓人說：「請告訴湯米・蒂爾德魯姆，那個蒂米・托德魯姆已經死了。」掘墓人在跟他的妻子轉述這件事時，他家養的貓也聽到了這故事，並說道：「什麼？老蒂姆死了嗎？那我現在不就成了貓國王！」據說這隻貓隨後爬上煙囪，從此再也沒出現（Van Huygen 2017）。或許這也可被視為「國王駕崩。國王萬歲！」這句宣言的的另一種詮釋版本。

我們會記得並轉述許多這類故事，不過對我來說，比較有趣的是，我們在兒時聽到這些故事，長大後卻被鼓勵放棄將其視為事實，除了那些具有社會服務價值或神祕目的的故事。這與許多其他文化的處理方式大不相同，在某些文化中，兒時聽到的故事會伴隨人的一生。此外，主要在西方，我們還有專門為兒童和成人設計的故事。許多年前，我的隔壁鄰居，以及最近我的義大利線人，都曾告誡我，孕婦──在許多文化中，孕婦會招來惡魔──應該避免接觸貓，因為貓會在胎兒身上留下胎記，這是歐洲常見的故事。在英國，這可能與貓臉的形狀有關；而在葡萄牙，貓的毛疣可能會造成嬰兒感染。不過，有些英國傳說提到，將黑貓作為結婚禮物會給新人帶來好運，特別是如果這隻貓在新娘面前打噴嚏的話（Van Huygen 2017）。

在緬甸和東南亞的一些地區，我們聽聞貓是靈魂的守護者。以寮國為例，靈魂就是靈魂，可以自由移動並進入各種動物體內，這不會造成任何區別——它們會成為該動物生命力的一部分。我稱此為靈魂轉移（soul-shifting），有點像是器官移植。假設你雙腿的靈魂離開了你，你會難以行走。在寮國，苗族薩滿（Txiv Neeb）會用牛甚至雞的靈來代替這些離開的靈。我曾聽過一個故事：一名苗族部落的人在一九六〇年代與巴特寮（Pathet Lao）——寮國北方代表共產主義的政治組織與武裝部隊，後改組為寮國建國陣線——交戰時受到重傷，後來被苗族倖存者拖走了。一名薩滿為他治療傷口，但他最終還是死了。這位薩滿表示，他的靈魂在離開身體時，進入了附近他飼養的一隻豹貓（*Prionailurus bengalensis*）體內。據說，這位薩滿曾與美軍並肩作戰，抵抗那些對苗族造成難以言喻恐怖暴行的巴特寮部隊，他於一九七五年離開寮國，帶著他的豹貓來到美國，直到今天這隻貓據說仍在某座城市的街道上出沒，報復對那些傷害苗族人、特別是女性的人，好似某種貓界的超級英雄。靈魂轉移在很多地方是一種普遍的信仰。當苗族薩滿獻祭一隻雞，以便把雞的靈魂送入生病孩童的體內時，就這層意義而言，靈魂只是用於填補缺失的能量。在承受極大壓力或面臨死亡時，靈魂可以帶著死者的個性，將其轉移到另一個動物或人類身上。

對苗族人以及更廣泛的許多人來說，靈魂本身不一定是邪惡的。不過，前面所講述的傳說卻揭示了貓被認為能夠感知力量的善惡。

東南亞許多地區都流傳著貓怪的故事。例如，在馬來西亞，當地人傳說貓體內隱藏著一種邪靈，稱為「巴迪」(*badi*)。因此，貓絕對不能接觸屍體，因為邪靈會溜進屍體內，使其成為可怕的鬼魂（Knappert 1992, 42）。

日本的佛教徒並不特別喜歡貓，但其他地區的佛教徒卻認為貓忠誠而尊貴，足以作為人類靈魂的容器。從前，在暹羅和緬甸，崇高尊貴的人死後其靈魂會寄居在貓身上，等到貓死亡後，靈魂就會上天堂。這是另一種靈魂轉移的說法。近代，在暹羅（即現在的泰國），國王在加冕典禮上會收到一隻戴著珠寶的貓。當地人相信前任國王的靈魂已經進入了這隻貓體內，因此他現在也能參與儀式（Van Huygen 2017）。看來，這似乎也是在玩「國王已死！國王萬歲！」的概念。

美洲——眞實的和想像中的貓

在美洲神話和傳說中，特別是都會傳說，充斥著大量的怪物，而其中大部分，容我再次強調，可歸因於我們身邊的「陌生人」——起初是歐洲人，然後來到近代，則是來自世界各地的陌生人。請記住，人類是小群體動物；我們天生就不適合生活在這些城市地區，而任何陌生人都潛藏著危險。這種恐懼從何而來？沒錯，就是貓，牠們曾在夜晚於地面和樹上徘徊，是十足的陌生人，而牠們的存在本身就是危險的象徵；這已根深蒂固地刻印在我們的基因中。

此外，還有一些更離奇的貓咪傳說，流傳於美國西南部普韋布洛（Pueblo）和納瓦霍（Navajo）印第安部落之間。這些傳說描述了長得像仙人掌的貓，牠們的爪子鋒利如刀，用來剖開仙人掌，飲取其汁液，喝醉後便會做出各種惡作劇（Van Huygen 2017）。

「水下豹」(Underwater Lynx)的描述也遵循著以大自然來隱喻，用以解釋或形容現象的類比思維。「水下豹」，或稱「水下猞猁」，在北美東半部（從加拿大亞北極地區到美國南部各州）的許多原住民社群中流傳。關於牠的外觀則因各部族文化而異。最常見的版本與奧及布威人（Ojibwe）有關，他們稱牠為「米希佩舒」(mishipeshu)。對這些原住民來說，牠是具有豹的特性的神聖生物，但外型並不一定像豹。在許多描繪中，都說牠有長角，背上還有一排鋒利的刺。有的版本甚至說牠身上長有鱗片。在有些部落，傳說牠與角蛇合體，甚至這兩種怪獸會被混為一談，好比在易洛魁人（Iroquois）的故事版本中。跟角蛇一樣，水下豹經常與雷鳥敵對，因為人們認為牠所占據的水下領域正好與天空相對。

在傳說中，水下豹的特性與急流、漩渦、洪水和巨浪等水的狂暴力量連結在一起。急流和瀑布的聲音是其咆哮聲；牠長而有力的尾巴會在水中製造渦流，有時會掀翻船隻，淹死那些侵入牠領地的人。水下豹代表著自然界危險的力量，但其本身並不邪惡。有些部落將其視為水的守護神，可能對人類施恩，提供保護。掌握力量的水下豹普遍受到尊重，一些部落會為牠舉行獻祭。也有部落將水下豹奉為銅礦石的守護者。據信，牠弄沉了許多未經許可前往蘇必利爾湖（Lake Superior）開採銅礦的船隻（Frigiola 2019, 25）。

具有神話般能力的旺普斯貓（Wampus Cat），普遍認為源自於切羅基人（Cherokee），在阿帕拉契亞民間傳說（Appalachian folklore）中經常是主要角色。牠具有變形能力，最常以大型野貓的姿態現身，但也可以化身為美女。傳說牠異常凶猛，就是連最神勇的戰士也難以招架，會被逼到瘋狂的邊緣。《哈利波特》作者J．K．羅琳的粉絲可能會認出來，小說中的魔杖師奧利凡德（Garrick Ollivander）會拿這神獸的毛來製作某些魔杖。還有一點也很有趣，在英文中，「catawampus」這個字的意思是「沒有對齊」，但也帶有「凶猛和具有破壞力」的意味——後面這個衍生意涵便是源自於這則神話傳說。（Life's Abundance 2018）

如前文所述，貓科動物的特徵包括力量和善於隱身，人類透過採用這些特徵——好比穿上豹皮——就可將自己轉變成那種動物。這種轉變和重生代表著二元性，也就是說，善中有惡，惡中寓善。

身上配戴美洲豹或美洲獅服飾或裝備的貓人、戰士或獵人，可能自認擁有這種動物的靈，在他人眼中也是如此。因此，巴西的阿帕波庫瓦－瓜拉尼人（Apapocuva-Guarani）會將他們鄰近的卡恩岡人（Caingang）視為美洲豹，這種想法來自阿帕波庫瓦對人類靈魂所抱持的二元概念：一邊是良性的「艾武庫埃」（*ayvucue*，意為「氣息」），這與採集和食用蔬菜等食物有關；另一邊則是暴力的「阿西瓜」（*acyigua*，意為「動物靈」），這與尋找和食用肉類有關。對一個人來說，最糟糕的情況是具備危險掠食者（例如美洲豹）的動物靈，因為阿西瓜總是凌駕在艾武庫埃之上。

在南美洲，這類想法也很普遍。在一份針對巴西波羅羅族（Bororo）宇宙觀的詳細分析中顯示，動物的靈魂是物種的本質，「美洲豹靈」被視為一種「純粹的存在」，波羅羅人認為他們與牠有親族或宇宙關係。托巴族（Toba）則認為美洲豹是無形惡靈的居所，要是沒有以適當的葬禮送走往生者，他的屍體可能會變成豹人。在上巴拉那（Upper Parana）的米西奧內斯省（Misiones），卡因瓜族（Caingua）認為在村莊墓地附近漫步的美洲豹是死者的靈魂。在玻利維亞，奇里瓜諾族（Chiriguano）在埋葬被美洲豹殺死的人時，一律會將其頭朝下，以免他化作美洲豹再度出現。相較之下，當波羅羅族中有人死亡時，死者配偶的家族中得派出一名男子去獵殺一頭美洲豹（或以美洲豹為代表的類似動物），將其送給死者家屬，以慰藉他們痛失家人。

各個部落對於美洲豹力量的想法不一，這一點可以從他們對食用美洲豹肉的反應看出端倪。

有些部族，如阿比彭族（Abipones）、姆巴亞族（Mbaya）和莫科維族（Mocovi），認為吃美洲豹的肉可以增強自己的力量。特別是牠的心臟或脂肪，那些想要變得更加勇猛的人便會食用這些部位，以企圖展現出男子氣概。同樣地，希皮博族（Shipibo）相信喝下美洲豹的血可以獲取牠的獵捕能力。加勒比海的酋長和戰士在準備戰爭和發動襲擊時，會飲用一種特殊的木薯啤酒（*paiwarri*），當中會加入美洲豹的大腦、肝臟和心臟，因為他們相信這分別可以提高他們的機智、勇氣和體能。（Saunders 1998, 2628）

不過，美洲豹並不總是邪惡的力量的象徵。跟古埃及人一樣，美洲豹在某些文化中也被視為守護者。

近以來代，據信在民風保守的馬雅村莊和米爾帕斯（milpas）每個通往外界的入口處都有美洲豹守護，在伊西爾馬雅（Lxil Maya）的山谷之神神殿入口處，便有一頭美洲豹和一條蛇在看守。在哥倫比亞，德薩納族（Desana）相信美洲豹會守護馬洛卡長屋（maloca longhouse）和他們的森林。而科吉人（Kogi）則相信美洲豹的靈魂會保衛遺址，他們在舉行儀式的屋舍門口，會根據傳統懸掛美洲豹的骨架。（Benson 1998, 58）

美洲原住民藝術史學者本森（Benson）也提出了證據，指出過去曾有人圈養過美洲豹，而且還發現描繪美洲豹坐在男人腿上的陶器和石碑（1998, 60）。本森同時也指出了人對美洲豹所抱持的矛盾態度：

在居住於聖奧古斯丁附近的帕埃斯人（Paez）神話中，創世之初，一名年輕的帕埃斯婦女遭到美洲豹強姦。這次結合的結果是雷霆之子的誕生，他成為了文化英雄。如今在帕埃斯，身上流有美洲豹血脈的雷霆之子後裔，會向薩滿展示其男性性器官，然後去強擄婦女，將她們帶到潟湖底部的住所。

在墨西哥格雷羅州（Guerrero）奧克斯托蒂特蘭（Oxtotitlan）發現的奧爾梅克（Olmec）文明洞穴壁畫中，可看到美洲豹的尾巴被畫在男性陰莖附近。類似的主題也出現在阿根廷康朵胡賽（Condorhuasi）的一件船形陶器上。印加的帕查庫蒂斯人（Pachacutis）所想像的太陽神形體，是從兩腿之間伸出一顆獅子的頭。對阿茲特克人來說，美洲豹與鷹搭配起來象徵男性的陽剛和勇氣。

美洲豹代表著人類的性慾和生育能力，以及「起源和生殖的奧祕，與一段黑暗祖先的過去之謎」。在南美洲低地的民族誌調查中，發現他們認為美洲豹的力量主要與性有關。在亞馬遜流域西北部，薩滿和美洲豹都被賦予同一個稱號，意指「共同居住者」。兩者都被視為部族的創建者和生育者，同時擁有性能力，這當中隱含著農業肥力。在圖卡諾人（Tukano）的想像中，當太陽孕育地球時，身披黃毛的黃美洲豹也在孕育生命，就像男人凌駕於女人一樣。（1998, 70-71）

這裡我要補充一點，美洲豹也是珠寶和陶器中的一個重要主題（Cordy-Collins 1998, 155 V70）。考古學家科迪–柯林斯所提及的秘魯陶器中，有許多描繪有側頭回望的美洲豹，這就是所謂的「美洲豹回眸」。這些陶器花盆中，許多同時還包含聖佩德羅仙人掌（*Trichocereus pachanoi*）的圖像，這種仙人掌富含致幻劑麥司卡林（mescaline）。陶器上常伴隨著漩渦狀的紋飾，這些被稱為「渦卷」（volutes）或「內視圖像」（entoptic images）的結構，都是與致幻經驗相伴隨的視覺意象。這種薩滿意象將薩滿與美洲豹的力量連結起來，其方式很可能與德國出土的獅人雕像類似，後者的歷史可追溯至三到四萬年前。

我們在前往墨西哥田野調查途中，曾在瓦哈卡州的一家小店看到類似「美洲豹回眸」的雕像，我不禁好奇這是否與秘魯藝術之間有某種關聯。那是一座高約三十公分的木雕，附有一條可拆卸的尾巴，夠的頭部向後轉，身上有著令人目眩神迷的迷幻感裝飾，可能是在模仿眼內影像。我們還跟同一位藝術家買了一副美洲豹面具，雖然顏色也很鮮豔，但沒有像那座向後看的豹雕像那樣呈現出眼內影像的效果。

在墨西哥北部新墨西哥州佩科斯普韋布洛（Pecos Pueblo）的一處廢墟中，有一座紀念山獅的墳墓或神殿，這「顯然是普韋布洛最重要的『獸神』」（Gunnerson 1998, 228）。考古學家岡納森對此提出了一個問題：「美國西南部對山獅的重視，是否是中美洲『貓科神祇』崇拜的延伸？這種關聯是否在數千年前就進入普韋布洛地區，成為他們祭拜包括羽蛇神（Quetzalcoatl）在內的複合儀式的一部分？」這個問題的答案在我們祖先所具備的探索傾向中可以找到，毫不意外的是，在整個美洲都可發現許多共同的象徵符號。

山獅並不是唯一一種被以儀式方式埋葬的貓科動物。正如專注於貓咪文化的作家穆拉基（Mullarkey）在著作中所指出的：

在一九八〇年代，考古學家在伊利諾河附近的一處墓地發現了一隻幼小動物的遺骸，其年代大約是在兩千年前，那裡曾是美洲原住民霍普韋爾族（Hopewell）的居住地。發現這些遺骸的當下，研究人員將其標記為小狗的遺骸，因為霍普韋爾人通常會將他們的狗一同陪葬。然而，幾十年後，演化人類學家安吉拉．佩里（Angela Perri）重新檢視時，立即發現當初誤判了這些遺骸。她直覺認為這應該是某種貓科動物。進一步研究後，證實這是一隻只有幾個月大的山貓（Lynx rufus）。令人驚訝的是，這隻小貓戴著一條用熊牙和貝殼精心製作的項鍊。

從挖掘處所拍攝的照片看來，埋葬這隻山貓時似乎有經過刻意處理，因為牠的爪子被特意排放在一起。雖然研究人員不確定美洲原住民是否有馴養山貓的習慣，或者這只是單一事件，但很明顯，在當時的人眼中，這隻小山貓應當被視為一種特殊動物。從牠身上的項鍊和在墓葬中精心擺放的位置來看，這一點似乎不言而喻。這會是在現今美國境內發現的第一隻寵物貓嗎？

從出土文物來看，野貓在美洲原住民文化中相當普遍，在古老的繪畫中有其身影，頭飾中也有用野貓頭骨製成的配件，這些都在在體現牠們的普遍性。例如，戰士會在臉上畫上貓的鬍鬚和爪子。歐洲人來此定居後，引入了家貓——也就是你我所謂的「好貓」——這些馴養的貓科動物在美洲原住民中也找到了自己的一席之地，就像牠們為歐洲人所做的那樣，一方面可以幫助控制囓齒動物的數量，另一方面也可以作為寵物。早期的一些有趣照片拍攝到科曼奇人（Comanche）騎在馬背上時，會讓貓盤坐在他們的肩膀上，不過很難說這行為是否只是偶爾為之的特殊現象。（2021, 13-14）

在此我想請讀者注意美洲的貓和土耳其哥貝克力石陣考古遺址所描繪的貓之間，存在著一個有趣的連結。美國和加拿大東北部的休倫－懷恩多特族（Huron-Wyandot）及塞內卡族（Seneca），會將黑豹（山獅或美洲獅）與流星和彗星聯想在一起。

休倫－懷恩多特人和塞內卡人都認為黑豹（流星／彗星）這種半人半獸的存在具有千里眼和預言能力，也被稱為「死神豹」（the death panther）。擔任守護神的牠負責警告人們即將發生的災難，無論是戰爭、飢荒或瘟疫。重點在於，豹人只是「死神的使者」，而非死神本身。人們會以燃燒菸草的方式進行祈求，讓黑豹「轉移即將來臨的邪惡」（Hamell 1998, 268）。

這樣的文化觀念也與新舊大陸其他文化類似，人們相信穿上貓科動物的皮毛——無論是黑豹、山貓或猞猁的皮——能賦予穿戴者能力。對東北部的原住民來說，「貓科動物皮毛所蘊含的能力有等級之分：從山貓、猞猁再到豹人，其威力遞增」（Hamell 1998, 269）。

前面提到，我在哥貝克力石陣考古遺址與美洲的「黑豹－流星／彗星」之間注意到一個有趣的關聯。大約在公元前一萬零九百年，一顆彗星進入地球大氣層並分裂成數個碎片，大塊的彗星撞擊了加拿大北部、歐洲和其他地區，為這些地區的居民帶來毀滅性的後果，這不僅是因為撞擊當下的大規模破壞，隨後持續大約一千三百年的小冰河時代，即新仙女木期，也加劇了災難。這很可能是《諸神黃昏：火與礫石時代》（*Ragnarok: The Age of Fire and Gravel*, Donnelly 2007）中提及的事件，也可能是《權力遊戲》（*Game of Thrones*）中無盡冬天的參考來源。歷史作家柯林斯（Collins, 2018）和英國科學家史威特曼（Sweatman, 2019）相繼提出類似的假設，推測土耳其的哥貝克力石陣考古遺址可能是先人為了紀念這次撞擊事件所建造的儀式中心，可能還具有某種觀測站的功能，以便預防類似的災難再度發生，或者至少作為一套預警系統。在其中一根柱子上，可以看到一隻張著大嘴的貓科動物沿著柱子往下走，或許這象徵著的是接近地球的流星或彗星——這會是黑豹——流星／彗星？還是塞內卡族的「死神豹」？柱子上還有頭朝向地面的蛇以及狐狸，狐狸的尾巴可能代表彗星的尾巴。這次撞擊事件對北美和加拿大的文化來說同樣也是一場災難。正是在這個時間點（公元前一萬零九百年），乳齒象和猛獁象以及克洛維人（Clovis）陸續從北美大地上消失。克洛維人的技術與兩萬年前西歐的索魯特雷亞（Solutrean）文化相似。這難免會讓人想問，黑豹在土耳其和美國東北部文化中是否具有相同的象徵意義？兩者是否都源自於他們神話中的同一事件？

無論如何，貓科動物，尤其是美洲獅和美洲豹，在馬雅和阿茲特克的宇宙觀中都占有特殊地位。根據研究，美洲獅似乎代表太陽和上層世界，而美洲豹則代表月亮和太陽必須征服的地下世界；這與埃及神話非常相似，埃及有太陽神拉與類似於美洲神話中月亮角色的阿佩皮或阿波菲斯。在我看來，馬雅人和阿茲特克人最初想像的天體征服想法，最後演變成貓怪的傳說，這很可能是在西班牙征服者和天主教會摧毀當地文化後發生的。當時，西班牙人不僅為當地人帶來疾病並奴役他們，牧師們還焚燒他們的文獻，並強行灌輸天主教敘事。很多時候，受壓迫的人民唯一能憑藉的只有想像力，以及對守護者、救世主、基督二次降臨（意指重新來過）等想法，當然也包括對復仇或報應的渴望。這些種種情緒匯集在一起，最終產生了以下的傳說（Taussig 1987）。

其中一種類似貓的生物稱為「*dzulúm*」或「*balam*」，這些都是馬雅語中指稱美洲豹的詞彙。牠是一種守護者，負責看管這片土地。雖然本質是美洲豹，但牠也會變形，能夠變身為留著長鬍子的男人。

在墨西哥南部與瓜地馬拉接壤的恰帕斯州（Chiapas），那裡的人將「*dzulúm*」描繪成一種非常大的貓，全身灰色並帶有斑點，背上長有白色的毛，在保護自己領地時會變得相當凶猛。這種怪獸主要的攻擊目標是女性（這會是在反映殖民者對待當地女性的方式嗎？）；不過，為了活命的女性也可以與這怪獸簽訂契約，成為女巫，但如此一來她們便會失去靈魂。在西班牙人早期占領期間，許多婦女出於自我保護，很可能都歸順投降，成為當地人心中的叛徒。

中美洲民間傳說中的「*nagual*」指的是能夠將自己變成美洲豹的薩滿或巫師，他們是變形者，可以行善也可以作惡。這類變形的概念可以回溯到公元前一千五百年的奧爾梅克（Olmec）傳統，有趣的是，這與人的「調性」（tonalism）有關，人們認為每個人都與一種動物靈有所連結，例如美洲獅或美洲豹。「在馬雅的賈卡爾泰克族（Jacaltek）會懲罰那些與外來的拉迪諾族（Nagual）合作的人，這點更強化了這個詞彙中原民主義的色彩」（Britannica, “Nagual”）。

就本章所介紹的，我們可以發現，貓科動物及其特徵在世界各地都受到重視，這體現在洞穴藝術、民間故事，乃至於文字記錄中。這些特徵首先是被我們三千萬到兩千萬年前，處於漸新世和中新世的遠古祖先所注意到的，他們在面對貓科動物時產生的壓力反應，也隨之轉移到我們的遺傳密碼中。在現代，隨著人類開始殖民全球，這些故事、敘事和儀式也隨之遷移。由於大型貓科動物遍布世界大部分地區，這些觀察和故事在民間傳說中不斷被強化，最終以更為現代的形式流傳至今。

最初，陌生人指的是貓科掠食動物，牠們會將人困在樹上或地上。但隨著城市化和殖民擴張，這種邪惡面貌轉移到最為兇殘的掠奪者身上，也就是人類本身。都市傳說經常提及貓的力量，特別是將其作為對抗這些陌生人的心理防禦，因為牠們也可以扮演守護者或護衛的角色，以惡制惡。

在後面的章節，我將探討貓的這些特徵，以及牠們如何與靈界或超自然議題連結起來。

第六章

流行文化中的貓

到目前為止，我介紹了一些我們古代祖先所認定的貓的靈性特徵，其中許多信仰觀點至今仍為人們所抱持。

在視覺藝術中，貓也扮演著許多不同角色，有時甚至不只一種。以下所列出的電影和廣告，大部分都是隨機取樣，旨在藉此展示現代人看待貓的方式。同樣地，在某些例子中，貓會扮演多種角色。

變形

下面引用一段古希臘哲學家、數學家畢達哥拉斯（Pythagoras）對奧維德（Ovid）的《變形記》（*Metamorphoses*）的評論（奧維德生活在公元前四十三年至公元十八年左右，《變形記》大約是在公元八年完成的）。

世事無常多變，
沒有什麼會真的會消亡。
靈魂來來去去，
隨興寄居在各式軀殼裡，

不是從獸體移居人體，
就是從人體移居獸體，
持續存活。
就像軟蠟蓋上新印章，
只是換個圖樣而已。
改變的只有外在形體，
本質好比那軟蠟，
我所教的就是這個道理，
靈魂的本質始終不變，
只是一直更換軀體而已。
（Warner 2002, 2）

人類對黑暗的恐懼和對貓所投射的認同感由來已久，這樣的觀感不僅展現在民間傳說和神話中，也一直伴隨著人類進入現代，電影就是一個很好的例子。在一九二〇年代至一九五〇年代推出了許多這類電影。例如默片《貓與金絲雀》（*The Cat and the Canary*, 1927），其主軸基本上環繞在身患絕症的賽勒斯．韋斯特（Cyrus West）身上，在往生前，他身邊圍著一群貪婪親戚。他最後發瘋死去，不過他在去世前發布聲明，指出他的遺囑已密封在一安全處，要等到他死後二十年後才可以宣讀。當然，電影中要是沒有出現危險情節，就沒有故事性可言。當宣讀遺囑的那天到來時，大家得知他全部的財產都將由親戚關係最遠的安娜貝爾來繼承，不過他們又發現了第二份遺囑，當中寫到，要是能夠證明她精神錯亂，那就無法繼承這位遠房叔叔留下的財產，如此一來，遺產將歸給列在第二份遺囑上的人。遺囑中還加註了一筆，所有想要繼承的人都得在鬼屋過夜，這類情節在一九三〇年代到一九七〇年代的電影中經常出現，甚至到了晚近都還可以看到。

接下來的劇情便是接二連三的壞事，例如一位親戚遭到被謀殺，或是發現祕密的走廊通道等。另一個常見的主題，在都市傳說中也會出現——在一些關於連續殺人犯「鉤子」（The Hook）的傳說故事中也是——主要講的是逃跑的精神病人，在這類情節中，病人自認是一隻貓。老牌演員保羅．瓊斯（Paul Jones）在一個祕密走廊裡遇到了這位會「變形」的精神病患。瓊斯被留在那裡等死，但卻及時復活，救了安娜貝爾，最後抓到了這隻「貓」，揭曉謎底，從此以後他們過著幸福的生活。對我來說，這齣原版喜劇的最佳改編是一九三九年由鮑勃．霍普（Bob Hope）和寶蓮．高黛（Paulette Goddard）主演的版本。故事中，我們看到一種精神層面的變形，也就是人格分裂，這與我們在蝙蝠俠和貓女這類英雄或正義使者身上所見的情況非常相似。顯然，他們對自己原本的性格有所掙扎，因此必須扮演另一個角色。無論如何，在《貓與金絲雀》這部電影中，故事裡的「貓」是一個人類怪物。

《豹人》（*Cat People*, 1942）是另一部關於變形的電影。片中有一位時裝設計師艾琳，她相信自己是古老豹人家族的後裔，會在憤怒、受到威脅或是產生性衝動時，變身成黑豹。這個故事講述了一段三角戀，變形者艾琳愛上了奧利弗，他們最終結婚了，但從未圓房。她擔心在激情中會喚起自己的動物本能，變成黑豹，把奧利弗撕個粉碎。奧利佛要求艾琳去尋求精神科醫師賈德的幫助，艾琳也同意了。然而，欲求不滿的奧利佛卻愛上了他的助理愛麗絲。艾琳料想到這樣的結果，將這兩人逼入絕境，但他們還是逃脫了。後來，愛麗絲聞到了艾琳的香水味，也知道艾琳與賈德醫生有約診，於是打電話警告醫生艾琳很危險。艾琳如預期去看診，而賈德醫生顯然也慾火難耐，他非常熱情地親吻了艾琳。結果艾琳變成一頭黑豹，將賈德撕成碎片。然後她去了動物園，把一頭黑豹從籠子裡放了出來。黑豹隨後殺死了艾琳，最後在逃跑時被路過的車子碾死！哇，這一切全都發生在一小時十三分鐘的影片裡！當然，最後奧利佛和愛麗絲從此過著幸福的生活。

另一部風格稍有不同的變身電影是《想哭的我戴上了貓的面具》（*Whisker Away*, 2020），講述一個女孩變成貓的故事。這部日本動畫的女主角是一位名叫美代的國中生。在這個人生階段，正值體內的荷爾蒙肆虐，她正暗戀著同學賢人。她變身的步驟與一個神祕面具有關，一戴上面具她就會變成一隻貓。這與電影《摩登大聖》（*The Mask*, 1994）有異曲同工之妙，在片中金凱瑞（Jim Carrey）飾演一位性情溫和的銀行職員，但當他戴上洛基的魔法面具時，就會變成一個擁有魔力和對女性充滿欲望的瘋子。總之，美代用面具變身成一隻貓，她認為這樣可以引起賢人的注意。可惜的是，她不能一直戴著面具，這樣她會永遠都是一隻貓。

史蒂芬．金的名字基本上就是恐怖片的代名詞，當中的主角總是不斷做出錯誤決定，故事情節最後都會釀成暴力事故。在他的電影劇本《夢遊者》（*Sleepwalkers*, 1992）中，一對母子搬到一座小鎮，那裡住滿了會變形成像貓一樣的怪物，這些怪物晚上在鎮上遊蕩，吸食年輕女性的能量。但這裡有個轉折的伏筆，鎮上那些正常的貓會幫忙對付這些變形的怪物。

總之，變形在世界各地的民間傳說中是一常見的主題，而且延續到現代，這很可能受到中世紀歐洲和新英格蘭早期的獵巫迫害熱潮而強化。這些故事講的是人類在數百萬年前選擇的生存機制，那是對黑暗的恐懼，對潛伏在陰影中的怪物的恐懼，或者對被吃掉而離開這世界的恐懼。

不過，任何關於變形的討論，要是沒提到最現代的貓女版本，都不算完整，正如前文所提，這故事的詮釋既符合我們對狼人和女巫的解釋，也與精神病理學和使用改變心智的物質有所連結。首先讓我們先來看看那些改變心智狀態的物質。

致幻劑這類改變心智的物質與許多宗教都有關聯，例如印度教、佛教、猶太教、基督教和伊斯蘭教。然而，由於政治考量，大多數歷史學家和人類學家直到二十世紀末，才開始將其納入文獻討論。

在過去，相關儀式和這些物質的使用都被視為機密，不得討論，以免洩露我們對生命、超自然事務和相關技術的一些想法來源，或許也是擔心人們會因此上癮。但凡提出改變心智狀態的物質對文化發展具有重要作用的論述，都會被斥為一派胡言的荒謬觀點（Rush 2013）。然而，這些學者都搞錯了。許多植物都可以引發這種讓人覺得自己在變形的感覺，其中包括天仙子、曼陀羅（*Datura stramonium*）、顛茄（*Atropa belladonna*）和曼德拉草（*Mandragora officinarum*）等。這些只是眾多含有東莨菪鹼（scopolamine）的植物中，可以透過口服，或是以油膏的形式塗抹到皮膚或黏膜上吸收的例子。有人會將以顛茄和脂肪（天主教會稱之為「嬰兒脂肪」）所製成的女巫藥膏插入陰道口。這會讓人覺得自己是騎著掃帚飛行的女巫，而掃帚很可能就是用來推入藥膏的工具。過去掃帚被視為女性的工具，而男性的工具則是乾草叉——這便是女巫與魔鬼形象的由來。服用足量的東莨菪鹼不僅會讓人產生飛行的感覺，還會有變形的感覺，例如變身為狼或貓，我猜想任何事物都有可能。但我認為，更好的解釋是這種變形體驗是由於強大的致幻植物和真菌，它們會誘發精神病或人工精神病。別忘了，我們遠古的祖先對熊、獅子和狼這類他們的獵物，或前來獵食他們的特定動物已產生強烈的認同感。因此，在他們的儀式中，祖先早已在內心認定，變身成這些動物就是通往力量的大門。

至於精神病和人格分裂，可以想想那些擁有不同自我的超級英雄，他們在受到任務召喚時會「變身」，轉變成另一個自我。這些超級英雄大多是男性，不過在一九四一年「神力女超人」（Wonder

Woman）出現後，影視內容也開始謹慎地加入女性角色（「超人」首度登場是在一九三八年），這個啟發可能來自於二戰期間在工廠、坦克組裝廠等努力工作的女性的身影。神力女超人可說是與超人對應的角色，不過她的力量是來自於在地球上出生的亞馬遜部落，這個女性部落曾因不願與男性一起抗敵而遭到奴役。神力女超人擁有超越凡人的力量，她在逃亡時進入我們的世界，從而成為抵禦邪惡侵害，拯救世人的一股力量。超人則是來自另一個星球，他的外星血統賦予他強大力量，「跑起來的速度比子彈還快」，又能夠「騰空飛躍高樓。」因此，這兩位力量其來有自的超級英雄，在某種程度上可以不算在前面所提及心智受到精神病危害的可能，但絕對不能忽略蝙蝠俠和貓女。事實上，這兩位充滿激情的角色所造成的殺戮，比他們所追捕的惡棍還多。

在《貓女》（*Catwoman*, 2004年）一片中，由女星荷莉·貝瑞（Halle Berry）飾演的賽琳娜·凱爾（Selina Kyle）是位在空難中倖存下來的空服員。她患有失憶症，但還是記得她父親的店面和她所珍愛的貓（儘管有不同起源的版本），她因而成為貓女。在影評人筆下，這是部失敗的電影。在原著漫畫中，故事始於一九四〇年代，將她描繪成一名小偷（一個「貓」賊）而且是蝙蝠俠的宿敵——畢竟他是一隻會飛的「老鼠」！她當然是個性格不斷改變的反派角色，但與蝙蝠俠有著相似的分裂人格也是個不爭的事實；前一分鐘還依循社會規範，下一分鐘就跳脫社會框架，去偷竊珍貴的珠寶。貓女所象徵的是社會中偽裝成正常、謙遜有禮之人的邪惡面。這一點與薩滿頗為相似，當薩滿披上美洲豹的皮毛，再服用一些致幻藥水，例如聖佩德羅（San Pedro），便可騰空飛行，經常會去重創敵人。不過這種力量也可用於治療——貓女也是可以是充滿滋養性的角色。

我不認為在華納兄弟推出的《樂一通》（*Looney Tunes*）卡通片中的小小貓西爾維斯特（Sylvester James Pussycat, Sr.）算是個怪物；在孩童眼中，牠更像是個喜劇反派，也許這部片是為了幫助孩童做好進入現實世界的準備。一九四五年，小小貓西爾維斯特在電影《與鸚鵡同住》（*Life with Feathers*）中正式亮相。然而，在大多數卡通中，關於西爾維斯特的部分都是牠想要抓金絲雀崔弟（Tweety Pie）來吃，也就是那句著名的「我好像有看到一隻大壞貓！」的情節。回想一下，前面提到關於貓和遠古祖先的故事，在這些卡通中，黃色金絲雀就成了祖先的象徵。

騙子

儘管在民間故事和傳說中經常出現騙子的主題，但我很少在現代電影中看到四處行騙的貓。在大多數情況下，貓是中立的，或是用來當作轉移注意力或引起人們對某些問題關注的道具。在一九一九年，隨著以菲力貓（Felix the Cat）為主角的電影上映，開始出現騙子貓這樣的卡通形象。之所以說菲力貓算是騙子，是因為牠會像洛基一樣製造麻煩，而且還會施展各種詭計，逃脫偵查，經常讓壞人陷入陷阱。

當然，我們還有《愛麗絲夢遊仙境》（1951）中的柴郡貓，這部根據英國文學家卡洛爾作品改編的迪士尼動畫，相當令人印象深刻。如果當時的父母知道愛麗絲吸食了強力致幻劑——嗯，那就是另一則故事了。總之，柴郡貓是粉紅色的，帶有紫色條紋和發光的黃色眼睛。當然，他（是的，牠算是一隻雄貓）臉上掛著汽車推銷員或政治家特有的著名微笑。柴郡貓是個麻煩製造者，這是肯定的，不過他也是愛麗絲的嚮導。

與地下世界的聯繫

自古以來，尤其是在埃及，人們相信貓與冥界有關，通常是扮演守衛的角色。例如，電影《暫時停止接觸》（*Fallen*, 1998），這部算是非典型的恐怖電影，片中的貓科動物也沒有扮演多重要的角色——直到電影的最後一刻。故事講述一位偵探（由丹佐．華盛頓飾演），他正在調查一起最近發生的謀殺案，並發現作案手法與不久前才處決的連環殺手相似。我就不在這裡破梗，但總之最後是由貓帶出線索，找出謀殺案背後的真兇，其中貓扮演著聯繫兩個世界的角色。

而在基努．李維主演的電影《康斯坦丁》（*Constantine*, 2005）中，在他進入地獄戰勝惡魔時，貓扮演了協助者，甚至是嚮導的角色。顯然，貓和惡魔至少有一個共同點：兩者都是一半存在於人間，一半遊走於現世之外。

鬼屋和貓，尤其是黑貓，經常用來象徵邪惡和地下世界的活動，這種想法是從中世紀流傳下來的，《地獄屋傳奇》（*The Legend of Hell House*, 1973）這部電影便是使用這種象徵手法的絕佳範例。劇情圍繞著三名試圖證明死後生命的科學家展開，當然，他們的實驗勢必得在鬼屋裡進行，而不是在醫院或大學中那些窗明几淨的實驗室裡。死後生命需要某種類型的地下世界，而貓似乎滿足了這部分的象徵意義。儘管還需要更多道具，不過這其中的連結就已經很清楚了。

撮合有情人

在《奪情記》（*Bell, Book and Candle*, 1958）這部美國奇幻浪漫喜劇電影中，金．露華（Kim Nover）飾演的角色是城市女巫協會的成員，但她偏偏愛上了凡人詹姆斯．史都華（James Stewart），這對女巫來說是一大禁忌——為什麼是禁忌呢？這就像是《哈利波特》系列中對非巫師（麻瓜）的偏見一樣。這部電影的缺點是配樂有點煩人，不過也有好的一面，就是電影中那隻愛管閒事的貓妖，牠幫助這對戀人鞏固感情，當然最後還是要靠愛情的魔法。

此外，迪士尼推出的動畫長片《小姐與流氓》(*Lady and the Tramp*, 1955)，雖是以狗為主角，但要是少了那兩隻暹羅貓姐妹西（Si）和安（Am）的幫助，小姐永遠也無法遇到流氓。

冒險、夥伴與情感

《老人與貓》(*Harry and Tonto*, 1974）這部片描述由亞特・卡尼（Art Carney）飾演的退休教師哈利和他的短毛橘貓同伴托托，穿越美國尋找新家的故事。哈利沒有再嘗試和其他人建立關係，而是與貓建立情感，片中的貓對哈利表現出忠誠和溫暖——這顯然是他生活中所缺乏的，而且對哈利來說，這份空缺似乎只有托托能填補。

《遇見街貓BOB》(*A Street Cat Named Bob*, 2016）是根據真實故事改編的電影，講述一位無家可歸又有毒癮的街頭音樂家與一隻名叫鮑伯的街貓之間的友誼故事。這隻貓當然也是隻橘貓，牠受了傷需要人照顧，而詹姆斯決定接下這個任務。關懷向來是個精神層面議題，但詹姆斯過去除了自己之外從未關心過任何人，他發現照顧鮑伯的這段經歷以及彼此之間形成的情誼，讓他從此改變。這是一個感人的故事，並且道出了一個真相：貓會展現出驚人的關懷感，不是針對一群人，而是針對牠們選擇的個人和其他貓。

在知名冒險動畫電影《史瑞克》(*Shrek*, 2001)的續集《史瑞克2》(2004)中，出現了由安東尼奧・班德拉斯(Antonio Banderas)配音的「鞋貓劍客」。與菲力貓類似，鞋貓也善於哄騙，只不過靠著這種伎倆，他和驢子(由艾迪・墨菲配音)一起幫忙史瑞克(麥克・梅爾斯配音)找到了真愛：一位被邪惡的仙女教母變成妖怪的公主(與史瑞克同為妖怪血統)。

迪士尼也推出了許多以貓狗為主角的電影，牠們會展開一場大冒險——儘管有時並非心甘情願。通常片中充滿幽默，但更重要的是冒險過程中產生的夥伴情誼和情感連結。這些迪士尼電影包括《貓兒歷險記》(*The Aristocats*, 1970)、《一貓二狗三分親》(*The Incredible Journey*, 1963)、《奧麗華歷險記》(*Oliver & Company*, 1988)和《看狗在說話》(*Homeward Bound: The Incredible Journey*, 1993)等等。

我們也絕不能忽略泰山這個角色——由科幻小說家艾德加・賴斯・巴勒斯(Edgar Rice Burroughs)所創作——以及他與獅子的關係。讀過巴勒斯的書或漫畫的人，就會知道有隻名叫賈德巴爾賈(Jad-bal-ja)的獅子，這隻金黃色的獅子是泰山的同伴。隨著時間推移，這個基本主題逐漸轉移到電影和漫畫書中。一部早期電影是一九二七年的默片《人猿泰山與金獅》(*Tarzan and the Golden Lion*)，改編自《人猿泰山》(*Tarzan of the Apes*)叢書。獅子一角也在飛美遜(Filmations)公司推出的動畫系列《人猿泰山，叢林之王》(*Tarzan, Lord of the Jungle*, 1976 V1981)中反覆出現。多年來推出過許多部泰山電影，不過，獅子的主要特徵都是力量。身為主角的泰山同樣也很強大——和獅子一樣強大，關於這點，我想可以歸功於泰山原始的成長環境，以及他與我們靈長類表親，也就是黑猩猩和大猩猩的長期相處。

馬戲團中的獅子老虎表演很受歡迎；你可能還記得，大型貓科動物在消滅邪惡基督徒這方面曾扮演過一定角色，至少在兩千多年前是如此，當然在更早之前還會殺死「罪犯」。在晚近的馬戲團表演中，則有馴獸師拿著鞭子和椅子，搭配一頭吃飽的獅子，強迫牠們做出跳凳子或跳火圈這類有辱貓族顏面的動作。獅子和老虎不是馴化的動物；牠們並沒有選擇與人類一起相處，也沒打算吃老鼠。大多數的巡迴馬戲團現在都消失了，成為過往雲煙。前面提及的齊格飛和羅伊也許是這類表演的最後一代，主要賣點是「人類征服自然」，而這些雄壯威武的動物就是來用代表自然的威力——畢竟牠們可是逮到機會就會吃掉你。

道具

在電影中，貓經常被當作道具，用來分散注意力或凸顯重點。在這種情況下，貓的角色其實也可以由其動物或物品取代，因此牠們的存在並非必要。在許多埃及墓室的場景中，經常會出現一隻貓坐在（有時是綁在）法老王妻子的椅子下。這位女士所坐的椅腿通常是貓掌或獅掌造型。這場景並不需要有真的貓在那裡，這隻貓可能只是用來代表力量、權威、陪伴，甚至是保護。

在恐怖電影《異形》（*Alien*, 1979）中，名叫瓊斯的小貓代表著忠誠，編劇需要讓雷普利（雪歌妮・薇弗飾演）不顧一切地營救瓊斯來讓她始終處於危險之中。當然，現實情況是，一旦消滅怪物，沒有同伴的雷普利將在太空中形單影隻，孤身一人。單獨困在太空艙裡，堪比單獨監禁在監獄裡一樣殘酷。

在《精靈貓捉賊》（*That Darn Cat*, 1965）中的暹羅貓確實有一項明確的任務，那就是向聯邦調查局探員發求救信號，讓他們前去拯救一名被綁架的銀行出納員。這是一部有趣的電影，但同樣地，貓在這裡負責的是道具角色——而不是怪物、騙子、變形者、媒人或是來往於陰陽兩界的使者。

《醉鄉民謠》（*Inside Llewyn Davis*, 2013）是另一部走失的貓（又是一隻橘貓）擔任道具角色的電影，透過一個簡單的背景故事來推動劇情的發展。

拿樂絲太太（Mrs. Norris）是《哈利波特》（2001-2011）系列電影中大家熟知的校貓，由霍格華茲那位脾氣暴躁的可怕管理員飛七所所飼養。拿樂絲太太在這些影片中也是扮演道具角色，不過牠同時也會對即將到來的邪惡發出警告——但她在整個故事線的發展中並不是必要的角色。

警告

我們都很熟悉由基努・李維主演的電影《駭客任務》（*The Matrix*, 1999）。在這部經典作品中，貓只出現過一兩次。當眾人試圖返回尼布甲尼撒號時，尼奧注意到一隻黑貓從門口走過。他移開視線再度回頭，竟看到那隻黑貓再次從同一個門口走過。他將這件事告訴其他人，引起他們的警覺，並說這是「似曾相識」（déjà vu），這代表矩陣正在被改寫，他們的位置已經暴露。當然，他們之後被困住了——畢竟，沒有危險情節就不算是一個故好事。

在電影《奪命電話》（*When a Stranger Calls*, 2006）中，一名青少年在一間地處偏僻的房子裡照顧孩子。片中的黑暗森林、鬼屋、偏遠島嶼等都是典型象徵，為即將發生的壞事定下基調。貓——在這部電影中是隻黑貓——出人意料地現身，這是一個用來讓觀眾緊張的道具，但牠也同時是邪惡的象徵，警告即將有壞事發生。貓本身在這部電影中並不邪惡，只是利用人們對貓的文化迷思和迷信來達到這樣的效果。

在一般的迷思中，確實認為貓是邪惡的，而且圖謀不軌、不懷好意。我們家的貓也是如此，總是會惹事生非、製造麻煩，把東西從桌子上推下來，打開壁櫥的門，然後拖出牠們能拖動的東西。（讀到這裡你腦中可能冒出問號，沒錯！貓會開門。我們不得不把家裡所有的手把全都換成傳統的圓形門把，因為牠們沒有能夠和其他手指相對的拇指，這樣出去後就會被鎖在門外。）目前我們家的貓還沒有展現出邪惡的一面。在電影《靈貓奪魂》（*Eye of the Cat*, 1969）中，出現了一群不大友善的貓，牠們將繼承貓女士所有的金錢和財產，這讓她的侄子和他的女朋友非常不滿。在這部片中，貓不僅具有傳遞警告訊號的作用，實際上還阻擋了貪婪侄子讓姑姑改變遺囑的企圖。

在動畫電影《第十四道門》（*Coraline*, 2009）中，有一條不為人知的祕密通道，通往與主角生活恰恰相反的鏡像世界。儘管卡蘿蘭一開始很為此著迷，但黑貓警告了這個十一歲的小女孩那個「新世界」的黑暗面。這些黑暗特質其實是她的一部分，正如同那扇隱藏的門所象徵的，而在門後則存在著種種可能性，有善也有惡。

食物和油脂

描述貓被吃掉，或用貓的脂肪和油來製造化妝品的電影並不多，但《奪天書》（*The Book of Eli*, 2010）是其中一部。大致情節是，在經歷一場災難後倖存下來的伊萊（由丹佐．華盛頓飾演），擁有一本《聖經》，而卡內基（由蓋瑞．歐德曼飾演）非常渴望得到這本書，因為他認為它具有魔力，可以幫助他控制人心。在片中貓出現的場景有三個。在前兩個場景中（實際上就是電影的前幾分鐘），伊萊殺死了貓，將牠煮熟吃掉，並將牠的油脂保存下來，以便日後可以拿去交易，換取其他物資。他來到一個小鎮，想為他的iPod充電，並試圖與商人交換貓油。在等待期間，他去了街對面的酒吧，在那裡他將一隻貓推下吧台（這是貓的第三個，也是最後一個場景），最終還與其他顧客打起架來。由於聽得到別人「內心的聲音」，他認為自己是無敵的，當然，他殺死或重傷了攻擊他的人。隨著故事發展下去，他顯然並不是所向無敵的。他其實是個盲人（他手上的《聖經》是點字版），最終也死了，不過在過世前，他將《聖經》口述給惡魔島（Alcatraz）避難所的領袖隆巴迪（Lombardi）。

有很多以貓為主要角色的電影。皆屬於前述的一個或多個類別。以下僅列出部分：

女巫也瘋狂（*Hocus Pocus*, 1993）
一家之鼠（*Stuart Little*, 1999）
貓狗大戰（*Cats and Dogs*, 2001）
加菲貓（*Garfield*, 2004）
暴躁貓的糟糕聖誕節（*Grumpy Cats Worst Christmas Movie Ever*, 2014）
貓（*Cats*, 2019）

禁入墳場（*Pet Sematary*, 1989）
寵物當家（*The Secret Life of Pets*, 2016）
貓人的詛咒（*The Curse of the Cat People*, 1944）
豹人（*The Leopard Man*, 1943）
神鬼傳奇（*The Mummy*, 1932, 1999）
莉姬婭之墓（*The Tomb of Ligeia*, 1964）
金鼠王（*Willard*, 1971）
地獄魔咒（*Drag Me to Hell*, 2009）
血色孤語（*The Voices*, 2014）
女孩半夜不回家（*A Girl Walks Home Alone at Night*, 2014）
鮮血盛宴（*Blood Feast*, 1972）
屍體研磨機（*The Corpse Grinders*, 1971）
黑貓艷婦（*Crimes of the Black Cat*, 1972）
貓之影（*The Shadow of the Cat*, 1961）
貓煞奪命（*Strays*, 1991）

就此看來，電影提供了許多與第四章所述，和貓相關的靈性主題。電影中的貓擁有力量，能夠變形並造成傷害。在危險迫近時，牠們也能發出警訊，扮演守護者的角色。同樣地，牠們會透過與特定人物建立情感，來展現其忠誠，而媒人的角色則與生育和原始慾望有關。此外，如果惡魔具有靈性特質，那麼由於牠們跨足兩界，所以電影中的惡魔貓也扮演著類似的角色。

廣告影片

廣告對貓算是很友善，通常將其當作道具，用於推銷林林總總的各種商品，從貓糧（所有品牌）、貨車（如雪佛蘭索羅德車系〔Chevy Silverado〕）到貸款等。

然而獅子和老虎等大型貓科動物，則與許多特定產品有著持久的關聯。例如，家樂氏（Kelloggs）在一九五三年首次推出「東尼虎」（Tony the Tiger）系列的糖霜玉米片。我猜想，這背後的設想可能是將老虎的力量與吃下糖霜玉米片的效果連結起來。儘管目標受眾可能以孩子為主，但父母也會吃早餐麥片，而老虎也可能吸引到渴求權力的父母。符號具有強大的力量，似乎沒有人質疑玉米片和老虎之間的關聯。這產品的吸引力在於可愛的老虎，還有孩子們會吃下麥片、玉米片和所有添加在其中的糖。食品工業深知我們對糖、脂肪和鹽的依賴，這些都是我們遠古祖先所需要的稀有物資，在當時可是非常的搶手。

另外還有「油箱裡的猛虎能量：在你的油箱裡放一頭老虎」（Put a tiger in your tank），這是石油公司埃索（Esso）在一九五〇年代為其機油和汽油喊出的口號，但真正流行起來是在一九六三年左右，那時福特的野馬（Mustang）、GTO等超級跑車開始問世。當時並沒有為這隻老虎取一個名字，不過這廣告提供了一個朗朗上口的隱喻，強化了「埃索的汽油能提供更強馬力」的大眾想法。除了這個口號之外，他們還推出一條玩具老虎尾巴，讓大家買來掛在油箱上——這是非常聰明的廣告創意。

還有一個和「油箱裡的猛虎能量」概念很接近的廣告，是由優耐陸（Uniroyal）推出的「虎掌」（Tiger Paws）輪胎，這款輪胎於一九六四年首次配備在三菱推出的龐帝克（Pontiac）GTO跑車上。其主打的賣點是抓地力，讓動力能夠向前推進，而非空轉打滑，當然也包括在過彎時能精準掌控這股力量。

此外，還有奇多豹（Chester Cheetah），也就是畫在樂事芝多司（Frito Lays Cheetos）系列零食包裝上的獵豹。我必須說，這隻獵豹的圖案畫得並不正確。他們最初選的吉祥物是一隻老鼠，但老鼠（除了米老鼠之外）並無法傳達太多的力量——而力量和銷售表現才是重點，因此後來換成了獵豹。獵豹是一種短臉的貓科動物，牠的吻部沒有獅子來得長，甚至比花豹還要短。

另外，還有以美洲獅（Puma）作為品牌的運動服，這個品牌於一九四八年靠著可更換鞋釘的足球鞋（Atom）進入市場。如今，他們生產各種運動服飾，從運動褲到訓練和健身配件，應有盡有。

地方興趣

然而，在電影和廣告之外，貓的存在其實更為隱蔽。由於地方民眾對此主題感興趣，地方報紙經常刊登關於動物救援或動物拯救人類的報導。在這類報導中，可能會有一篇是關於一隻貓進入圖書館，與館員成為朋友便決定留下來的故事。現在，這隻貓會蜷縮在圖書館入口處迎接訪客，帶來一種平靜安詳的氛圍。

還有一則故事是有隻貓闖入警察局，並立即開始捕捉那裡的老鼠，每次抓到後，就會把老鼠的屍體放在警局隊長的桌上。在穆拉基所著的《美國貓》（*The Cats of America*, Mullarkey 2021）中，可以找到這類故事以及更多的報導。我最喜歡的一則是關於「機器貓」（Robo Kitties），這是在療養院和其他機構中提供的機器貓（Mullarkey 2021, 124）。我在谷歌（google）上搜尋了機器貓，事實上確實只要花費大約一百四十美元，就可以買到這樣的機器貓，當然也有更便宜的型號。這些可愛又討人喜愛的機器人會喵喵叫，還會發出咕嚕聲，能夠走路和躲避障礙物等。人類的發想和這種類比思考的能力實在是無窮無盡。

汽車、貓和電力

面對危險時能夠快速移動的能力對所有動物都很重要，反應時間始終是最為關鍵的。貓的速度很快，能在幾微秒內釋放出令人難以置信的力量。然而，貓為了這種初始速度而犧牲了耐力，因為在任何戰鬥情況下，持續時間越長，雙方受傷的可能性就越高。人類則想要兼具力量和速度，因此我們再次借用動物，首先是馬和馬拉車，然後是以馬力（horsepower）來當作車輛引擎的測量單位。多年來，馬力都與貓有所關聯，牠們是定義馬力特性的象徵符號。我們第一個想到的汽車可能是捷豹（Jaguar），這款車於一九三五年首次上市，由燕子掛邊車公司（Swallow Sidecar Company）所製造。如今，這個圖標歸塔塔汽車公司（Tata Motors）所有，但由捷豹路虎來製造（Motor Car, 2023）。如果你想嘗試一次非常快速、優質的旅程，又與貓有關聯，那麼捷豹就是最佳選擇。

「陽光虎」（Sunbeam Tiger）則是一款速度極快、動力強勁的微型「肌肉車」（muscle car）——即高性能的轎跑車——由著名的英國魯特斯集團（Rootes Group）於一九六四年首次生產。這輛極輕型車輛在引擎蓋下裝載有一個小型的V-8引擎；我認為我沒有坐過比這更快的車。在一九五〇年代，隨著雪佛蘭克爾維特（Chevy Corvette）和福特雷鳥（Ford Thunderbird）等車車款的問世，美國消費者開始對小型肌肉車產生渴望。這些車的價格昂貴，不過在一九六〇年代，由於肌肉車市場競爭激烈，因此出現了價格更為實惠的車款，當然還有車貸方案。在這裡，我們又再度看到貓與馬力的關聯——在大多數情況下。例如，福特在一九六七年推出的水星美洲獅（Mercury Cougar），配備有390 CC V-8，可提供三百二十匹馬力；野馬（Mustang）也選用相同的引擎。別克野貓（Buick Wildcat）則於一九六三年首次亮相，馬力為三百二十五。

福特後來推出的水星山貓（Mercury Bobcat, 1974-1980）和林独（Lynx, 1981-1987）車系，兩者都不是肌肉車，而且，山貓跟之前出事的福特平托（Ford Pinto）設計相同——我必須說這是對山貓本尊的一種侮辱。事實上，平托車系被認為是一種在路上滾動的「死亡陷阱」，製造品質非常差（Dowie 1977）。林独車系開起來並不危險，但它的馬力也不強。不過，水星山貓車系確實符合了其中一項會捕食我們祖先的貓科動物的特徵——牠很危險！

最後要提的一款車是比爾．湯瑪斯獵豹（Bill Thomas Cheetah），生產年分是從一九六三到一九六六年。獵豹車系絕對是肌肉車，基本上是為了直線競速賽而設計的，產量相當少。

第七章

貓科動物和宇宙體系

貓科動物在宇宙學（cosmology）中占有重要地位，人類將牠們與夜空星座連結的歷史想必相當悠久。我們在法國的蕭維洞穴（三萬二千年前）和拉斯科洞穴（兩萬年前）的遺址壁畫中，都見過這類貓科動物的圖像。而在土耳其的哥貝克力石陣（約公元前九千六百年）中，貓科動物同樣是重要的象徵圖案。目前我們無法得知古人過去是否將某些星團想像成動物圖像，但至少在哥貝克力石陣，我們知道每一代人在建造一個新據點時，都會改變巨石結構的方位，使其與某些特定的星星對齊，這是因為星星的位置會因為歲差現象——即自轉天體的自轉軸又繞著另一軸旋轉的現象——而改變。

當人類開始探究巨石結構與其和星空方位間的關聯時，考古天文學（archaeoastronomy）這個領域便應運而生。對我們的祖先來說，夜晚是黑暗且充滿危險的，因為掠食者會出來尋找獵物。也許就是在守夜提防危險動物靠近之際，他們注意到天空中的變化，發現光點會在夜空中移動，有些移動得非常快，而月亮則會改變形狀。祖先們注意到了這樣的模式，而我們在考古遺址細數骨頭上的刻痕時，便發現了這些被保存下來的模式（Marshack 1991, 33-56）。長此以往，這些光點和變化需要一個解釋，人們需要一個故事或說法來理解天空中這種運動的意義。那時，他們所認識的只是日復一日所經歷的：太陽、月亮、風雨、親朋好友的舉動、動物的行為和植物的消長。於是，他們將這些經歷以及賦予的名稱和意義投射到天上去。這些敘事也將我們與已故的人類親戚、神祇和女神，以及我們的動物親戚都聯繫起來，這些動物親戚，好比獅子和熊等，後來也成為我們遠古氏族的名稱。許多神話中都有人類曾經是老虎、獅子和熊的故事；佛陀有數個前世，有時曾是畜生。

星星的敘事是一面鏡子，反映了我們如何思考和組織宇宙的方式。在一個二元論的宇宙中，當我們進入時間的領域時，會將世界概念化為（至少）兩個：上層世界與下層世界，而我們則身處這兩個世界之間（因此實際上是三個世界）。這個「中間」的世界正是上層和下層的鏡像。

貓在宇宙學中占有特殊地位，其中最著名的就是埃及的獅身人面像。一些埃及古物學家對這塊巨石的由來有許多爭議，尤其是那些在著作中武斷地主張胡夫大金字塔的建造日期約莫是在公元前兩千六百年的人。我們也有充分的理由相信這座紀念碑可能要古老得多，而且可能建於獅身人面像與獅子座對齊的時期，即公元前一萬零五百年左右。這在某種程度上可能與土耳其哥貝克力石陣遺址的建造有關，也許會讓人聯想到公元前一萬零九百年的那場災難，這起事件摧毀了北美和北歐的大部分地區——這裡有很多的「可能」和「也許」。在奧爾梅克人、馬雅人和阿茲特克人的族人間，他們所謂的「天上衝突」也可能是在反映這一事件。這就是為何馬雅人和阿茲特克人的基本宇宙觀中，會談論到太陽和月亮之間有一場不斷持續的戰爭。

古代的馬雅和阿茲特克

在馬雅人之間，他們會將所觀察到的太陽和月亮運行，以一場戰鬥來比喻。馬雅學權威湯普森（Thompson, 1960, 11, 231）指出，中美洲人普遍相信日食代表太陽和月亮之間的爭鬥，不過馬雅人並不認同這樣的觀點。儘管如此，還是有許多馬雅人是以此來解釋日食。澤爾塔人（Tzeltal）、祖圖吉爾人（Tzutujil）和波科姆奇人（Pokomchi）相信日食是因為太陽和月亮發生爭戰所致。前哥倫布時代的阿茲特克人留下的圖像也暗示，日食期間太陽和月亮正在戰鬥（Milbrath, 1995b, 1997）。這些將日食解釋為日月戰鬥的這些圖像顯示出，當時的人已經理解日食與太陽和月亮的相對位置變化有關。

一些墨西哥托霍拉巴爾人（Tojolabal）的文獻記載著，日食是在太陽和月亮以性交的形式結合時發生的（Baez-Jorge, 1988, 244）。還有一種說法是，日食是因為月亮發怒並咬住了太陽，不過他們將月食歸因於月亮遭到黑螞蟻的攻擊（Illia Najera Coronado, 1995, 323）。這種對月食和日食成因的區分，顯示出古人對太陽和月亮相對位置的細緻觀察，因為新月從太陽前面經過，看起來就像月亮咬了太陽一樣。不過由於月食是在滿月時發生，這時天空中的太陽和月亮分別位於相對的兩側，因此托霍拉巴爾人引入了第三方來解釋月食的成因。「有為數不少的馬雅聚落認為，黯淡的身體，就某方面來看是生病了，可能相當虛弱或快要死去……」（Milbrath 1999, 26-27）。

在馬雅各聚落間，對於日食和月食的成因會存在如此巨大的差異，表示他們之間有明顯的地理隔離，或許早在歐洲人前來之前就是如此，而在歐洲人帶來疾病和戰爭，並導致人口減少後，肯定會強化這樣的局面。總之，中美洲古文明權威學者米爾布拉斯（Milbrath, 1999, 94-95）對於美洲獅和美洲豹有更多的見解：

美洲獅長著金色的皮毛，主要在白天活動，就像太陽一樣。事實上，在特奧蒂瓦坎（Teotihuacan），可以看到頭戴太陽射線皇冠的美洲獅（Miller 1973, fig. 289）。《勞德抄本》（Codex Laud, 14）這份融合了墨西哥中部和馬雅文化特徵的抄本，記載著太陽神與一頭美洲獅坐在寶座上。美洲獅象徵太陽的習慣可能已經延伸到馬雅地區。正如同在當代馬雅人的文獻中所發現的，太陽的地位高於月亮一樣，佐齊爾族（Tzotzil）也賦予美洲獅更高的地位，超越美洲豹（Braakhuis 1987, 247）。

在馬雅圖像中，刻有貓科動物的王座相當常見，許多王座上都清楚顯示出覆蓋著斑點美洲豹毛皮（圖3.11e，圖版5、7、17）。在帕倫克（Palenque），宮殿的橢圓形石板上顯示著帕斯卡加冕封王時，坐在一個刻劃有兩顆頭的貓科動物的王座上（Robertson 1985a，圖91）。儘管沒有斑點，但就頭飾來看，這很清楚地顯示出是隻睡蓮美洲豹（Water-Lilly jaguar）。

美洲豹是夜行性動物，喜歡游泳和捕魚，因此自然而然會將其與月亮和水下世界聯想在一起。

順帶一提，睡蓮美洲豹將美洲豹與水和月亮連結在一起。「美洲豹的夜行性，讓人認為牠與月亮具有天然的連結，而美洲豹身上的斑點則代表著夜空中的星星」（Milbrath, 1999, 94-95）。透過美洲獅和美洲豹（puma-jaguar）這樣的二分法，我們看到了大自然的二元性：沒有邪惡，就不可能有良善，就像沒有黑夜就不可能有白天一樣。然而，美洲豹在很大程度上與力量相關聯，與那些會變身的薩滿以及具備這些強大貓科動物靈性特質的牧師和統治者聯繫在一起。在日食和月相期間，太陽掌控月亮的主題被解釋為一場戰鬥，這可能就是為什麼在乾燥的夏季月份頻繁爆發的戰爭，被視為在天際「上演」這個神話主題的現實投射。《波波烏．烏》（Popol Vuh）這本可譯為「議事錄」（council book）的創世故事，是在歐洲入侵後不久開始寫的，書中充滿了關於太陽、月亮和金星的天文數據，其中美洲豹及其特徵非常明顯（Tedlock 1996）。[1]

中東

中東的宇宙觀透過文字記載，讓我們得以建立與貓之間更明確、更詳細的關聯。如前所述，一些最早的貓科動物藝術作品是在法國和西班牙的洞穴中被發現的。但這些圖像很難解釋——儘管在本章稍後，我將會再次探討在拉斯科發現的薩滿圖像。

在早期美索不達米亞的藝術（公元前四千到三千年）中，我們可以看到許多野生動物的圖像：

> 古代近東各時期藝術的一項特徵是對野生動物的興趣，特別是獸角、翅膀和爪子等被認為特別危險或強大的部位，這至少可以追溯到新石器時代。在哥貝克力石陣遺址的石柱上，發現了禿鷹和狐狸等動物的浮雕圖像，而在加泰土丘，在一般的居家空間發現了動物牙齒和角的石膏像以及動物壁畫，其中包括一頭巨大的公牛。這些發現與我們對最初馴化許多動植物的人的設想不同，他們選擇用來代表的不是內部受控和馴化的世界，而是外面的野生世界。在蘇美王國早期的烏魯克（Uruk）時期，獅子和公牛成為古代近東藝術中最為別突出的圖像，並首度用於表達統治

1 作者註：關《波波烏．烏》的概要，請參閱 Miller and Taube 1993, 134-37。

者的權力。在需要保護守衛的地方，也會使用獅子的形象，還會成對放置在進入王室空間和儀式空間的通道上，擔任守衛角色。在古代近東藝術中，兩個或兩個以上強大生物之間的衝突主題反覆出現，刻畫這些在戰鬥中的兇猛動物，也許是為了展現自然界中強大的對立力量（The Met 2014）。

然而，古代美索不達米亞有許多複合形態的獅神。在文學中，獅子最常被用來比擬好戰的國王和兇猛的神祇，尤其是尼努爾塔（Ninurta）——這位在神話中掌管暴風、洪水、同時也是軍神以及戰神，有時被描繪成代表早晨和春天的太陽神——或是伊南娜（Inanna）——象徵著愛、美麗、正義和關心政治的女神。當時民間流傳著一句諺語：「抓住獅子尾巴的人會被淹死在河裡；抓住狐狸尾巴的人會得救」（Black and Green 2014, 118）。

以下是關於拉塔拉克（La-tarak）和盧拉爾（Lulal）這兩位神祇的描述：

盧拉爾是蘇美人的神，而拉塔拉克是同一個神在阿卡德語（Akkadian）中的名字，又或者這原本是不同的兩個神祇，但關係密切。在公元前第二個千年的後期，盧拉爾和拉塔拉克被視為一對，到了新亞述時代，會將他們的雕像埋在門口，當作是具有魔力的保護神。有人提出，他們在這時期可能分別被描繪為：一個是舉起拳頭的擬人化神祇，另一個則是披著獅皮斗篷、手持鞭子的獅頭人身形象。在一份魔法文本中，他們被列為抵禦巫術的保護神（Black and Green 2014, 116）。

在中亞述和新亞述藝術中，也發現了獅子半人馬（lion-centaur）這種混合生物。牠們具有獅子的下半身（包括四條腿），以及人的頭部、上半身、手臂和手掌。這種生物的名字是「*urmahlullu*」，意思是「獅人」（Black and Green 2014, 119）。

另外還有人形獅：

> 在卡西特（Kassiet）、新亞述和塞琉古（Seleucid art）藝術中，我們發現一個頭戴角帽的小神（儘管很少見），腰部以上是人形，但下半身是兩條獅子腿和獅子的後部，包括一條捲曲的獅子尾巴。這種造型有時會與牛人搭配，並且這可能與薩馬斯（Samas），或稱烏圖（Utu）有關。無論如何，他似乎是晚期根據牛人和蠍人的造型發想出來的，具有保護的特性。在阿卡德語中，他的名字似乎是「*uridimmu*」，可以翻譯為「瘋狂的獅子」（字面意思是「瘋狂的犬類」）（Black and Green 2014, 122）。

另外，有種極不尋常的怪鳥，被稱為伊姆杜吉德（Imdugud）——即一般所稱的安祖（Anzu）：

伊姆杜吉德可能是這種怪獸在蘇美語中的正確讀法，但在阿卡德語中則稱為安祖。牠的形體像鳥，但長有一顆獅子頭，體型巨大，拍打翅膀時會引起旋風和沙塵暴。伊姆杜吉德最初可能是將大氣力量擬人化而創造出的怪獸（牠名字的原意是「霧」或「薄霧」）。其他對安祖的描述說牠長了一個像鋸子的喙，因此推測牠的頭像鳥。在新亞述藝術中，有結合鳥和獅子元素的怪獸，這可能是安祖或雅撒庫（Asakku）——又稱阿薩格（Asag）（Black and Green 2014, 107）。

無論是對美索不達米亞人、希臘人、羅馬人，甚至是今日的我們來說，獅子座（Leo）仍然是夜空中一個顯眼的星座。晚上往北邊天空看去，北斗七星（大熊座）的南邊就是獅子座，獵戶座則在西邊。請記住，每個星座的視角都取決於你所在的位置。在墨西哥恰帕斯州的觀星者所看到的星座，會與我在北加州看到的大不相同。

目前判定獅子座是美索不達米亞人最早認出的星座之一。也有其他民族認出這個星座，包含波斯人（稱此星座為*Ser*或*Shir*）、土耳其人（稱此星座為*Artan*）、敘利亞人（稱此星座為*Aryo*）、猶太人（稱此星座為*Arye*）和東印度人（稱此星座為*Simha*），這些名稱都有獅子的意涵。總之，在公元前四千年左右，在美索不達米亞的文本中已經留有獅子座的書面記錄。此外，還有另一種對美索不達米亞人很重要的貓科動物，那就是天豹（sky-panther）。柯林斯（Collins, 2018, 55）在提到土耳其的哥貝克力石陣考古遺址的符號時講到：

看來在進入H區時，薩滿、新成員或祭司會從兩根中央柱子間走過，至少在東邊遺址的例子是如此，這時他們會看到柱子上，一頭豹子般的野獸浮雕正聳立在他們面前。站在這裡，他們可以將自己的心智透過舷窗石的圓孔投射到死者的國度，據說那裡也有一隻這樣的獸在守護。若真是如此，那麼H區這些類似豹的怪物幾乎可以肯定是「mulUD.KA.DUH.A」（阿卡德語中的「*Ukaduhha*」或「*Kaduhha*」）的原型，即美索不達米亞的天豹獅鷲，這個名字的意思是「張著嘴的風暴惡魔星座」，這個星群是由天鵝座的主要恆星以及鄰近的仙王座的其他恆星組成。

對中東人來說，星座——或說是他們對星座的想像——至少以兩種方式融入到生活之中。一種是關於天空中的神祇及其特徵；另一種則是與農業、季節變化以及種植和收穫的時節有關。古人對自然的觀察相當敏銳，尤其是夜空，畢竟那時除了觀察日月星辰的位置變化外，也沒什麼其他事情可做。當這些想像中的星座在夜空中移動時，便是在告知世人何時降雨，以及播種開始和結束的時機等等。

在美索不達米亞人的世界觀中——而且顯然一直流傳到希臘人——死亡代表著一段前往地下世界的旅程，在蘇美神話中，這個世界稱為庫爾（Kur），那裡是由女神埃列什基伽勒（Ereshkigal）所控制，僅此而已。在我看來，這種對死亡的看法似乎有點奇怪，因為有間接證據顯示，在死亡時靈魂升入天堂的概念似乎在法國和西班牙的那批洞穴繪畫中就出現了，那是早期薩滿所抱持的部分形上學概念。前面提到的天豹，則代表這與土耳其哥貝克力石陣（也可能是塞內卡）有所關聯。關於這點，在此我還是引用柯林斯的看法（2018, 270-71）：

在公元前一萬五千七百五十年至一萬二千七百五十年間，占據北天極位置的恆星是天鵝座（Cygnus）。即使在這個時期，這個星座幾乎可以肯定在世人眼中就被認定是一隻天鳥。由於其天文位置，當時的人們相信這星座的星星就像神祇一樣守護，甚至控制著天空的運作。在埃及的早期，這隻天鳥會以獵鷹的形態成為造物主，並在埃及建造的第一個原始圍場裡進行祭拜。為了深入了解這種非常古老的信仰，一窺當時的人們何以相信有一種透過鳥的形體來控制天空的力量，我們必須去一趟法國南部多爾多涅（Dordogne）地區的拉斯科。在那些著名的壁畫洞穴中，有個幾乎無法進入的坑，我們得去查看在稱為「井道」（Well Shaft）或「死人豎井」（Shaft of the Dead Man）的北牆上發現的壁畫浮雕。

這些冰河時期的藝術品，約在公元前一萬六千五百年到一萬五千年由技藝精湛的梭羅特文化（Solutrean）藝術家所創，在壁畫中我們看到一隻棲息在桿子上的鳥，上方是一個長著鳥頭的男性人物。他以一種不自然的角度傾斜，彷彿向後倒下，奇怪的是，他的陰莖直立，就像土耳其哥貝克力石陣的禿鷹石（第四十三號石柱）上的無頭人一樣。這幾乎可以肯定代表他是處於死亡般恍惚狀態的薩滿，因為男人在吸食那些引發心智狀態改變的致幻劑後，一開始會有勃起的現象，就跟在他們瀕臨死亡的時刻一樣。

這個人物的右邊的是一頭大牛，很可能是野牛，牠的背上插著一支矛，底下溢出鮮血和內臟。慕尼黑大學的麥克爾・拉本盧克（Michael Rappenglueck）教授認為，這幅在死者之井中發現的壁畫，位於洞穴群的最北端，代表的是組成夏季大三角的星星所占據的天空區域。

這裡柯林斯所指的是靈魂，這是一個獨立於人體的特徵，在死亡時會離開身體，朝天堂的方向前進。更具體來說，是朝向北方的天鵝座。至少在那個時期的人是這麼認為的，而且這種形上學觀點直到今天，歐亞大陸上的許多人仍然抱持著這樣的看法。我的問題是，如果這真的是公元前一萬五千年的神話敘事中的一個重要環節——正如土耳其哥貝克力石陣（公元前九千六百年）、加泰土丘（公元前七千一百年）和古埃及的考古文物所隱含的那樣——那為什麼這種形上學觀點在蘇美人、巴比倫人和亞述人的時代卻消失了，直到希臘人的時代才重新出現？要回答這些問題，我們似乎還缺少大量資訊，又或者柯林斯的解釋可能存在錯誤。不過，關於「死人豎井」的壁畫，確實還有其他不同的解釋。

有些學者（Magli 2009, 9-12）認為，壁畫中的薩滿（「死人」）代表的是獵戶座，在他的右邊是金牛座，而左邊略高處是獅子座，左上方則是天鵝座。如果要能夠同時看到天鵝座、獵戶座、金牛座和獅子座，那麼天鵝座勢必位於大熊座的東北，而且非常靠近地平線。儘管我們不知道當時這些星團的名稱，但洞穴壁畫的圖像強烈暗示了我們的祖先所看到的這種排列。天鵝座明顯是一種類型的鳥，金牛座也有可能，但獅子座不在圖中，這純屬猜測。然而，如果薩滿被視為動物之主——就像在「三兄弟」洞窟那邊所看到的那樣——這就表示先民很有可能在人類活動和宇宙行為之間進行許多類比和比較，這會包括星星和星形配置的名稱。在古人的心目中，人類世界延伸到了天空，而星團的形狀很可能是根據他們所知的動物，如熊、貓、牛以及他們自來命名的。不過，這些可能的想像代表的是力量，在土耳其哥貝克力石陣，刻在柱子上的動物臉像或姿勢清楚地展現出這一點。然而，目前除了我們自己的發想外，並沒有其他文本來佐證，所以終究無法確定這些動物（包括獅子在內）到底象徵什麼。但我認為，可以肯定地說，它們代表的是天體力量，可能也包括天體地理學。在土耳其的哥貝克力石陣，我們可能看到的是象徵過去（公元前一萬零九百年）災難性事件的圖像，以及對即將發生的事情的警告。公元前一萬零九百年的這一事件導致數千人喪生，倖存者也處於孤立無援的狀態，但這可能是促成後來發展出定居農業和文字的關鍵。這種地理上的隔離也許可以解釋何以在中東神話中（埃及除外），並沒有靈魂離開身體後進入天堂的概念。

中國占星學與天文學

對於那些渴望接觸自己內在貓性的人來說，可以將中國的虎年與西方的星座結合起來，從而了解你的靈性未來，至少在二〇二三年及之後的十年是如此。中國的十二生肖是：鼠、牛、虎、兔、龍、蛇、馬、羊、猴、雞、狗、豬。任何到中餐館用餐的人，都曾在傳統餐墊上看到關於生肖的簡短個性概述，讓人知道該與誰交往，或者誰不適合與之婚嫁，以及誰會是更好的伴侶。

要是你剛好出生在於一九三八、一九五〇、一九六二、一九七四、一九八六、一九九八、二〇一〇或二〇二二年，那麼你就屬虎。「屬虎的人好鬥、勇敢且敏感。和屬馬與屬狗的人在一起會得到幸福。要小心猴年出生的人。」[2]

這套中國生肖系統的由來與眾神要制定第一套曆法的故事有關，其中包含了十二種最早完成賽跑

2 作者註：這是我在一家中餐館的餐墊上看到的。

的動物。然而，當中只有兩個動物符號可以對應到希臘神話／占星學：牛和金牛座，以及羊和牡羊座。西方占星術的十二星座（儘管天文學上更多星座被記錄）分別是：牡羊座、金牛座、雙子座、巨蟹座、獅子座、處女座、天秤座、天蠍座、射手座、摩羯座、水瓶座和雙魚座。

中國用於確定人格特質的系統源自於五行：火會受到興奮啟發，土具有鞏固基礎的動機，金有創造秩序的驅力，水會形成情感連結，而木則愛好探索。

西方占星系統只有四大類：水象星座受情感驅動，土象星座較為務實，火象星座是衝動的，風象星座是理智導向的。

許多人會參考中國的十二生肖和歐洲的星座來尋求人生指引，這在本質上是一種占卜（或稱診斷；尿液和血液的分析在西醫中也是一種占卜程序，就跟所有占卜方式一樣，這是在幫助做出醫學程序的預測，但它們不見得能從中得知原因），作為一種確定、預測或描繪未來的方式。有個活動會要求參與者選擇並表演一種動物，這有點像是在《哈利波特》系列電影中所發生的。他們所做的選擇讓我覺得很有趣，那些選擇貓科動物的人很少會選擇家貓，這代表著牠們靈性本質的一部分，至少對個人而言，在於牠的力量，那是股凶猛的殺戮力量，但也有保護作用。家貓不是獅子和老虎。對於那些渴望接觸自己內在貓性的人來說，可以將中國虎年與西方的星座結合起來，了解你的靈性未來，並獲得一些關於精神靈性的想法，至少在二〇二二年和未來的十一年是如此。

中國人是精明的天文學家，最初是為了占卜和確定吉凶而觀察天空，常與甲骨（將鹿的肩胛骨加熱使其破裂，並加以詮釋等步驟）一起使用，不過他們確實準確地將超新星和彗星加以分類。[3]占卜過程之所以會參考宇宙天體運行，主要是為了判斷向眾神的獻祭是否妥當。直到中國統一後（約公元前一千五百年），天象占卜才轉變成今天所說的天文學。

在中國天文學中，並不會以動物來命名星座，而且儘管天象是用於占卜（尤其是在宮廷），但不應將中國天文學與占星術混淆。

古埃及

古埃及的天文學可以追溯到七、八千年前，也許始於西部沙漠南部的納布塔普拉亞（Nabta Playa）曆法遺址（Bauval and Brophy 2011）。這座巨石結構可能是由牧牛人建造的，他們可能是為了預測天氣模式，尤其是降雨，因為當時正值全球暖化（這次不是因為人類的罪過所引起），使得利比亞和埃及曾經茂盛的草原正在變成沙漠。而且，如果我們之前對貓馴化的解釋是正確的，那麼牧人身

3 作者註：對中國天文學感興趣的人，請參閱：Jiang and Chen 2021。

邊應當就有貓，牠們不僅吃老鼠，還會殺死蠍子和眼鏡蛇。

金字塔是根據指南針的基點排列的，有人說吉薩高原上金字塔的排列與獵戶座的腰帶相符。埃及學中存在諸多爭議，不僅是胡夫大金字塔的建造年代（Creighton 2017; Bauval and Osman 2012; Bauval and Gilbert 1994），獅身人面像的年代也受到質疑（Schoch 2012, 10 V37; Schoch and Bauval 2017）。根據地質學家修奇（Schoch）的說法，獅身人面像上的水痕顯示它曾經歷過一場洪水，因此可能會將其年代回溯到至少公元前七千年，甚或是公元前一萬年：

> 然而，有一種可能性是，這種分析大大低估了獅身人面像的年代。地下風化速率通常是非線性的；也就是說，由於受到上覆材料的保護，風化程度越深，風化過程就越慢。如果確實發生這個假設的情況，那麼上面估計的年代只會是一個最小值。非線性風化的可能性表明，獅身人面像最早的部分可以追溯到公元前七千年之前，甚至可能早在公元前一萬年左右。
>
> 然而，土耳其的哥貝克力石陣可以追溯到最後一次冰河時期末期，大約是在公元前一萬年至公元前九千年，就這點來看，我認為假設獅身人面像最古老的部分也能追溯到這個遙遠的時期，是可以成立的。（Schoch 2012, 21）

修奇（2012, 21）繼續指出：

有人認為獅身人面像的獅子特徵與獅子座有關。就黃道歲差而言，從處女座時代轉變到獅子座時代是發生在公元前一萬零五百年左右。僅僅根據地質學，就推論出獅身人面像中象徵獅子座的獅身（最初獅身人面像也可能是獅頭）可以追溯到一個非常遙遠的時期，這真的只是巧合嗎？

儘管修奇建議對他的這種解釋要謹慎看待，不過他確實可能是對的。埃及古物學家的共識是，獅身人面像是用吉薩高原的石灰岩雕刻而成，與胡夫大金字塔同時建造。但請記住，共識並不代表真相。別忘了天主教會對於太陽繞地球旋轉也達成過共識，而那些不同意的人又有什麼下場？當共識成了教條，就不再有科學探究了。

無論如何，獅身人面像確實代表著獅子，也許是一個守護者的角色，也許是一股控制宇宙體系的力量，但它仍然是一個靈性的物件。

在家和你的貓一起占卜

在美國，塔羅牌已經流行了一百多年，到了一九一五年，幾乎每一種主要的塔羅牌組都已經問世。從那時起，又出現了許多其他的牌組，它們帶有相似的象徵符號，不過表現符號的藝術發生了巨大變化（Smith,"Tarot Heritage"）。然而，到了晚近，則出現了規則較少但提供類似見解的神諭卡（oracle card）。

塔羅牌的解讀可能相當複雜，解讀者會隨著每張牌選出時提供更深入的解釋。神諭卡的使用方式與此類似，不過可以讓抽卡者自行解讀卡片上的文字，這也有助於內省。塔羅牌和神諭卡是以低風險的第三人稱方式來面對個人。因此，它們不會直接告訴某個人，他們的行為或思想過於激進，或是他們不夠關注健康，或是不考慮他人，而是透過一張或多張卡的「權威」來解讀。在古埃及，法老會堅持：「如此記載，如此行事」——直白一點來說就是事已至此，沒有轉圜餘地。而這些牌卡則扮演著第三方權威的角色，讓人探索自我，特別是因為這些卡片代表了「古代」對宇宙和人類狀況的知識和理解。

我自己有一套貓咪塔羅牌。卡片非常精美，使用方式與一般的塔羅牌相同，像是最常見的《萊德偉特塔羅牌》（*Rider-Waite Smith*）。但如果你特別想要探索自己的動物性，那麼神諭卡會是最佳選擇。

在這類神諭牌組中，有一套名為《野生未知動物靈性精神指南》（*The Wild Unknown Animal Spirit Guidebook*）；貓（包含黑豹和獅子）被歸類為「火」。玩這套牌的方法有多種，比方說，要是碰到難以決定或缺乏動力的狀況時，可以在洗牌後隨機挑選一張，然後讀取上面的文字。若抽到的牌畫有黑豹，牌面會寫著：

消除不必要的，清除

黑豹不會眼睜睜看著我們的成長或能量停滯。相反地，牠會突然闖入我們的生活，造成種種破壞，但其最終目的是讓我們走向更充實的生活。這會讓人感到意外、不舒服，有時甚至會覺得大難臨頭，一切都要被毀滅。不過，在塵埃落定後，我們就會很容易看到黑豹智慧的作用。我們都曾有過類似的經歷，而這些經歷讓我們成為更好的人。請相信，黑豹伴隨的旅程總會帶領我們走向更高的境界。

當平衡時：勇敢、富有成效
當失衡時：自我毀滅
要回到平衡：擺脫不必要的東西（Krans 2018）

在獅子牌上則寫著：

耐心、王者風範、全方位的大師

獅子能夠完全駕馭火的元素，也是自我轉型的吉祥物。具備獅子性格的人會一生致力於個人和靈性成長。這種投入會激勵一些人，也會恫嚇到另一些人。因此，獅子受到所有人的尊重，但只有少數人能真正了解。有些人誤以為獅子難以接近或冷漠，但目光敏銳的人會對其有更多認識。獅子善於觀察、低調，不過在言語和行動上都很精確。他們不浪費能源或資源。這張牌提醒我們，無論我們的追求從哪裡開始，所有人都可以掌握自我。

平衡時：和平與力量的縮影
失衡時：性格孤僻，過於嚴肅
要回到平衡：每日冥想和友誼。（Krans 2018）

就我所知，你可以隨機選擇另一張牌來作為平衡第一張牌的手段，這能讓你對自己和他人有更深入的了解。此外，這些牌卡可以用於小組活動，這也可以激發出有趣的想法與見解。

我還有另外兩套以動物或動物靈性為主題的牌卡，一套是琳達・埃瓦希納（Linda Ewashina）的《醫藥輪之聖靈冥想卡》（*Spirit of the Wheel: Meditation Deck*），其中包含了美洲獅；另一套是傑米・薩姆斯（Jamie Sams）和大衛・卡爾森（David Carlson）的《動物醫鑰卡：透過動物發現力量》（*Medicine Cards: The Discovery of Power Through the Ways of the Animals*），這套牌則納入了山獅、山貓、美洲豹和黑豹。我認為這類的占卜和內省過程沒有威脅性，而且肯定比去看塔羅牌占卜師或精神科醫生來得便宜。

貓、靈性和量子世界

在第六章中提到的許多電影都以「這個世界」和「另一個可能與我們的世界相交的世界」為背景。事實上，這個「另一邊」可能確實存在。在科學領域，我們必須保持開放的心態，因為一切皆有可能，儘管目前無法使用唯物科學——數學、化學和物理——來加以測量。此外，除了數學、化學和物理之外，科學中肯定還有許多有待發現。要是已經窮盡一切探尋，我們早就解開宇宙之謎了。

量子（quantum）一詞是指以特定頻率輻射的極少量能量。量子世界是我們物理世界的基礎。顯然，根據這些理論，宇宙是一種波函數，只有在被測量（使用數學、化學和物理等方法）或觀察時，才會變成粒子（岩石、水、樹木等）。要能夠被觀察到，你需要一種生命形式，能夠透過其感官從自身的波函數中「分離」出來（Lanza 2020; Hoffman 2019）。這些感官設計的目的，是以適合滋養、探索和生產的方式來解釋宇宙。在清醒的狀態下，你看到的這些粒子是樹木、貓、岩石、月亮等等。

在量子層面上，不存在時間或空間——因為一切都同時發生，或者至少看起來是這樣。由於沒有時間和空間，因此訊息可以是即時交流（讀者會發現，在談論這個「環境」時，很難不涉及時空）。一個簡單的例子是，撥動吉他弦時，整根弦都會受到影響，而不僅只是所觸及的部分。從某種意義上來說，宇宙的波函數是一種奇點（singularity），其中萬物（everything）和虛無（nothing）都同時發生，但又什麼都沒有發生。然而，在這波函數的後面，勢必有一套規則或指令，用來將這些被觀察到的粒子組裝成有形世界，這些規則是以某種我們體驗世界的方式來進行編碼。這些規則和指令從何而來？據我所知，沒有人能夠證明宇宙是從無到有或隨機自行組裝的。許多生命所必需的化學物質都是相互拮抗的，需要大量的能量和時間才能組合起來。這就引出了熱力學的議題。這一切都是現代人的形上學。僅僅是因為「重要人士」相信有一個自我組裝的宇宙存在，並不代表這些觀點就是正確的，也不代表它們是錯誤的，儘管熱力學定律告訴我們，自我組裝的可能性極小。在這裡，我們再度面對的是意見，也就是形上學。正如我之前所指出的（Rush 2021b, 85 V86）：「在一九六〇年代（參見

Moorhead and Kaplan 1967），數學計算顯示出，就算耗費整個宇宙成形的時間，也不可能隨機產生一個功能性蛋白質，即使是很小的。」雖然這個結論的數學存在一些計算問題，不過在一九七二年，普里高津等人（Prigogine at al.1972, 31）使用熱力學平衡的計算，對此總結道：

> 在常溫下，宏觀數量的分子組裝起來，產生高度有序的結構，並且具有生物體特徵的協調功能，這樣的可能性是微乎其微的。因此，即使在生命出現前演化的數十億年內，目前的生命形式要能夠自發起源也是極不可能的。

粒子世界（可以觸摸和感覺到的世界）和波函數之間似乎只有一種聯繫，那就是透過意識。意識（就像燈泡一樣，不是亮的，就是暗的）以及隨之而來對周遭事物的察覺、所經歷到的想法和夢，其本身就是波函數！夢和思想並不是以粒子形式存在，至少神經科學家是這麼認為的。正是我們的思想和夢（它們本身的波函數），觸及了宇宙的波函數。

量子物理中最有名的貓是「薛丁格的貓」（Schrödinger’s Cat），這其實是一個思想實驗，盒子裡的貓在被人觀察之前既是活的也是死的。我認為薛丁格應該不太喜歡貓，因為他大可以選擇一隻狗，甚至是一個人。總之，在本書中我不會深入討論這個問題，只能簡單地說這問題稱為「疊加」

（superposition），在量子層面上，所有條件都是可能的，直到有生命體測量或觀察到那盒子裡的東西（在這個例子中）。愛因斯坦曾質疑過量子力學，主要是因為這不符合他的相對論——古典物理學涉及時間和空間，但在量子層級，時間和空間（以古典意義來說）並不存在，至少就形而上學的觀點來看是如此。

如前所述，當受到觀察時（好比說透過實驗），波函數會塌縮並出現粒子（Lanza 2020; Hoffman 2019）。當你沒有在觀察時，你所坐的椅子可能只是一束旋轉的閃光。你的神經系統的建構方式或編程方式會詮釋環境，使其得以成形，可以說這種方式有助於人類這種動物的生存。想想看，事物是透過你的觀察而存在。這樣說來，宇宙是由我們的思想所創造的嗎？也許宇宙早在以前就存在，但其所採取的存在形式是你的神經系統的產物，是透過這套系統的編程方法來解釋的。舉個例子來說，你的貓對世界就會有另一套不同的解釋。而古代印度教的形上學是這樣解釋的：

毘濕奴（Vishnu）睡在宇宙之蛇上，做著宇宙之夢，這時拉克希米（Lakshmi）在摩擦他的腳，讓毘濕奴進入夢鄉。因為在印度教傳統中，你無法擁有單純的男性能量。一切都在那裡，但也不在那裡。突然之間，在毘濕奴不知情的情況下，一朵蓮花從他的肚臍中冒出來，蓮花綻放，坐在花瓣上的是梵天（Brahma）。梵天睜開眼睛，宇宙出現，在經過八十六億四千萬年後，梵天閉上眼睛，沉入毘濕奴體內，要在漫長沉睡後才會再度醒來。

正如印度教傳統一樣，宇宙只有在被觀察時才可見，而且就像梵天一樣，我們都是以自己的方式來創造神。

我們透過多種方式進入波函數，最明顯的一種就是透過思考（你無法用粒子來思考，但這些波是可以被測量的）。思考是一個在波函數中跳進跳出的過程，而我們也因此能獲得洞察力。問題是，這些洞察力是只是在大腦內部產生？還是有其他來源？，抑或是兩者兼具？也許我們遺漏了些什麼？又或者是目前的科學還無法提供這問題的答案。舉個例來說，你正想到某人，這時電話鈴響了，正好是對方打來的。這只是巧合嗎？這種事我自己就遇過好幾次。

同樣地，我們透過做夢進入波函數，而且還可以與也在做夢的他人相連。也許這就是為什麼我們會在夢中遇到陌生的人事物，去到陌生的地方；這時我們的夢已然交會。請記住，做夢時，你會進入波函數，離開時間之場。前幾章提到的義大利女巫梅伊曾跟我講過她在夢中遇到另一位女巫的故事。這種夢境穿越可能涉及到靈魂轉變，就像那些苗族蒙人（Hmong）和東南亞其他例子一樣。

我們可以將波函數概念化，將它視為一個代表宇宙奧祕的「生命之流」，或是「阿卡西紀錄」

（Akashic record）[4]。我們都有過類似的經驗：在試圖解決一個問題，或試圖用言語表達一個概念時，卻被困住了，於是決定先「睡一覺」。我們身體的一部分是非常有智慧的，它知道食物消化的所有化學知識，也通曉那些讓我們能夠扔球或在街上行走的所有物理、幾何和微積分。你的皮膚知道如何透過產生黑色素來保護自己免受陽光傷害（在一定程度上），而且細胞也知道如何治癒刮傷或割傷。細胞的智慧甚至能思考未來並據此來修改我們的遺傳密碼。科學家正朝這個方向思考，試圖變得像細胞一樣聰明，但距離改變遺傳密碼來修復與疾病相關的基因，或阻止衰老等目標，還有很長一段路要走。我們認為，思考、做決定，以及將人送上月球的推理過程，完全來自我們的智力，但那是我們的自我在說話。我們的細胞及其祖先，才是體內的天才。所有生命形式，甚至像朊病毒（prion，或稱普利昂蛋白）和病毒這樣的準生命形式，都是在這種智慧層級上運作，這是我們有意識的自我夢寐以求、企圖仿效的境界。古代那些尋找外星人的人相信，人類所有的知識，包括宇宙學思維、數學等等，都是由來自太空的外星人所傳授。事實上，宇宙的祕密存在於細胞內，只要給它一點時間，讓我們想著這些問題「入睡」，這些祕密就會浮現。這時千萬別害羞；細胞會分享它的祕密。好好問個問題，要求一個答案，然後去睡覺。順帶一提，我認為主張我們所知的一切都來自外星人是對人類的侮辱，這似乎是在說，我們的祖先太過愚蠢，無法自己想出解決問題的方法。

從目前所掌握的古埃及人做夢的資訊，再加上知道當時會付錢僱用一些祭司來做夢，這似乎表示埃及人認為一個人的夢可能與其他人的夢交會。當然，他們可以在夢中接觸到神祇，或者說他們相信可以。如前所述，寺廟的祭司（至少在埃及）很可能觀察到貓在睡眠中會做夢（會有抽搐等動作）。

在古埃及，他們會將夢理解為一種「外在現象」——一個介於生命世界和神聖世界之間的界限地帶，也會將夢境的元素和概念，應用於他們的文學創作與敘事中。（Szpakowska 2003, 2）。

所謂的「外在現象」，是指夢裡的影像和聲音是從外部而來的——它們誕生於另一個「地方」，然後進入你的腦海。如果把這整套概念用在貓身上，那麼當貓在做夢時，也許牠們正被「來自他方」的存在拜訪，像是已經去世的貓親戚、已故的人類照顧者，或是埃及信仰中的神祇與神聖力量「尼特魯」（neteru）。

但是貓到底夢見了什麼？這點我們永遠無法確定，儘管牠們的夢境可能與我們相似——以某種方式組織或分類牠們所熟悉的人與事物。在埃及學家加德納（Gardner）一九三五年的作品《拉美西斯的夢之書》（*The Ramesside Dream Book*）中，我們讀到許多夢境以及相關分析。每個夢都會以「如果一個人夢到……（他自己、某種動物、物體……做某事等）」開頭（Szpakowska 2003:86）。例如：「如果

4　譯註：阿卡西是音譯自梵語中的 *akasha*，意思是「天空覆蓋之下」、「空間」或「以太」。根據其理論，阿卡西紀錄是包含有不可知型態訊息的集合體，以編碼的方式儲存在以太之中，是一種非物理層次的存在。

一個人夢到一隻大貓：這是好夢；代表他將會有大豐收」（Szpakowska 2003, 86）。

然後，就已知的埃及符號學來說，作者給出了最有可能的解釋：「從表面來看，這似乎只是個「*mjw*」和「*smtw*」的簡單文字遊戲[5]。此外，夢到一隻壯碩的貓可能代表沒有老鼠來吃穀物，因此會有大豐收。另外一種可能是，這裡指的是「大貓」，在《棺木文》第三百三十五篇咒語（Coffin Text Utterance 335）和《死者之書》的註釋中，都將大貓描述為太陽神拉」（Szpakowska 2003）。[6]

古埃及人和其他文化都相信，夢是個體之間溝通的一種方式，無論是生前還是死後：

> 世界各地的許多文化都認為，夢是個人與處於遙遠世界（farworld）——包括死者、神祇和祖先——溝通的實用手段。在古埃及人的宇宙觀中，遙遠世界是死者（不分是否有資格進入）和眾神（ntr.w）[7]居住的地方。這些實體雖然通常隱晦難解，但對埃及人的日常生活產生了直接影響，可以幫助生者解決諸如財產糾紛或孩子健康出生之類的世俗問題，也可以幫助解除生病者的困擾。從最早的時期開始，埃及人就表現出想要透過種種方式與遙遠世界聯繫的欲望。（Szpakowska 2003, 123）

在與神祇或死者溝通這方面，夢與死亡似乎具有同等的效用，而透過貓夢、貓牲和獻祭貓的木乃伊來進行這樣的聯繫，看起來也是很可能發生的。問題是，透過夢來交流，你永遠無法完全確定對方是否接收到你的訊息，或者你對夢的詮釋是否正確。不過，在古埃及人的形上學中，恐怕沒有比貓（或許還有老鷹或鱷魚）更適合與神溝通了。古埃及人肯定相信人類能夠與貓溝通，而貓會忠實地將訊息傳遞給神祇。這充分說明了貓所被賦予的靈性本質，也就是牠們與另一個世界的聯繫。

對古埃及人來說，夢並不總是具有正面的指導意義，畢竟也有惡夢。我目前沒有找到任何貓與惡夢的關係。但是，如果你家附近有獅子，偶爾還會吃掉你的鄰居，那夢到貓顯然可能不是個好夢。事實上，前面提到的貓夢解析，「如果一個人夢到一隻大貓：這是好夢；代表他將會有大豐收」，這個夢也可以有負面的解釋，例如：「今天你將會被一隻大貓吃掉。」

大部分時候，祭司似乎都是用比喻和正面的眼光來解釋夢。即使在今天，解釋行為和夢的治療師也會以比較正面的方式來解讀，希望這樣的預言能為患者營造出一個自我實現的過程。例如，如果病患跟我說，夢見自己在過河時摔倒，我當然不會說：「喔！不……你恐怕不久於人世！」不，你會換

5 編註：「*mjw*」是古埃及語中「貓」的發音，「*smtw*」則與「豐收」或「穀物」相關的詞彙。所以這個夢境的解讀，可能是利用了古埃及語中的諧音或雙關語，而非完全出自邏輯推理。

6 編註：在《棺木文》第三百三十五篇咒語中，出現一隻大貓斬殺邪神阿波菲斯的場景；而《死者之書》第十七章與第一百六十二章則明確指出，這隻大貓正是太陽神拉的化身。

7 作者註：**ntr.w** 是埃及文，在英文中拼 **neteru**（尼特魯），代表神聖力量或諸神。

個角度來詮釋這些符號，讓它們具有正面的意涵。一個好的治療師必須很會說好故事。

在討論貓在中國人夢中的意涵之前，讓我們先釐清一下夢境解析中的一個常見問題，那就是神話與夢之間的高度相似性。正如佛洛伊德（Freud）所主張的，神話和夢非常相似，因為它們可以用類似的方式來解讀，或者說，其中的符號就如同榮格（Jung）所謂的「原型」。前面提過好幾次，我們對黑暗、被吞食或受傷的恐懼根植於基因中，因此，夢境經常會以更為現代化的象徵來反映這些恐懼，例如夢到稅務審查（這應該比怪物還可怕！）或考試不及格，這完全在意料之中。夢境本身具有超越時間的特質，我們能夠與失聯的人和遙遠的地方相交流，有些是可以辨認的，有些則否。在夢中，熟悉的地方會變得有點陌生，我們試圖尋找某樣東西或地方卻找不到，我們試圖移動卻動不了，我們可以飛翔等等——所有這些事，至少在做夢當下，看起來似乎都合情合理。這跟時間和距離有關，也涉及相對論的問題。一旦進入夢境，你就彷彿脫離「時間之場」，進入一個沒有時間和空間的「宇宙」——至少這是我們在清醒狀態下的認知。在做夢時，因為你處於波函數之中，時間和距離變得不重要，而這個「環境」中的一切似乎都顯得正常。醒來後，大多數夢境會顯得「奇怪」或「古怪」，那是因為在清醒時，我們受到時間和距離的宰制——因為時空與物體和事件都連結在一起。相對論，以就是對「此」和「彼」的比較，是我們組織我們世界的主要「工具」。顯然，波函數並非以這種方式「組織」的；我們沒有數學、化學和物理學來解釋這個作為宇宙基礎的「波函數運作方式」。在波函數中，沒有時間和空間的阻礙——這一切都是佛性意識。

三千多年來，夢在中國文化中一直非常重要。在周代（1046 BCE），朝廷會任命解夢者，擔任太卜一職，可見夢在處理國家事務中的重要性（Pei and Juwen 2000, 12）。既然夢如此重要，可以料想，中國對夢的分析或解釋會比古埃及人更為複雜。長時間下來，中國人發展出許多不同的夢境詮釋分類系統，從疾病、焦慮或對問題的偏執，乃至於天氣狀況。然而，夢的內容可能涉及貓——可能是家貓，也可能是獅子和老虎這類大型貓科動物。

貓

在中國文化中，夢見貓是即將發生敵對行動或衝突的預兆。《朝野僉載》中記載了荊州長史濟州薛季昶夢見一隻貓趴在自家前廳門口，臉朝外。他向解夢的張猷詢問這個夢的含義，張猷指出貓長有牙齒和爪子，用於狩獵和保護。「若是牠躺在門口，那就是為了阻擋外來的危險。這表示將有一支軍隊前來。」果然不到十天，桂州官員就起兵謀反（Pei and Juwen 2000, 54）。[8]

8 譯註：原文為：薛季昶為荊州長史，夢貓兒伏臥於堂限上，頭向外。以問占者張猷，猷曰。貓兒者爪牙，伏門限者。閫外之事，君必知軍馬之要。未旬日，除桂州都督嶺南招討使。

在上述例子中，貓預示著危險，就像電影《駭客任務》中所呈現的，但貓本身並不危險，也與危險無關。不過，這種詮釋指出了貓的守護性質，就像之前談到古埃及人時所看到的。

然而，若夢到的是大型貓科動物，那就需要另一種不同的解釋。

獅子和老虎

夢見獅子或老虎，預示著會獲得強大的力量。老虎被視為「山獸之王」，而獅子具有華麗的鬃毛，展現出非凡的力量。一般認為，夢見獅子和老虎是吉兆，兩者都象徵著高貴和權力。在中國文化中，老虎還與白色和西的方位有關。

《南朝書》（*Book of the Southern Dynasties*）記載了齊王景栖（Jing Ze）夢見自己騎著五色獅子的故事。過了一段時間，新皇帝即位，將景栖拔擢到更高的位子。[9] 在《鬼話》（*Gui Hua*）[10] 中有一則故事，記載者明朝時，出身貧寒的陳友鼎（音譯）在羅家為奴。有一天，他弄丟了主人家的一隻鵝，由於害怕受到懲罰，他跑去了王家，王家人便給予安慰與精神上的支持。不久前，王太師才做了一個夢，夢到一頭老虎坐在自家門口。當陳友鼎到達時，他剛好醒來，因此他認為剛剛的夢是個預兆。他覺得找到了夢中那隻在自家門口的老虎，於是便把女兒嫁給了日後確實變得非常富有的陳友鼎（Pei and Juwen 2000, 97）。

家貓被視為預示未來問題的預兆。由於貓會站在門附近，又長有牙齒和爪子，可說是象徵性的守護者。但貓的行為舉止並不像守衛，也不會阻止其他人進入。從這個意義上說，牠這個守衛只負責警告問題即將發生。

獅子和老虎其實不太算是守護者，比較像是將來會得到權力的徵兆，儘管家貓與獅子、老虎之間被賦予的意義有所不同，我們仍然可以看到它們與古埃及的相似之處。從上述的例子，我們對中國人的夢有了一個大致的想法：夢既是在腦海中創造出來的，又像古埃及人那樣，以預兆的形式從外部進入做夢者的心智。

對於夢的解釋可以是複雜的，也可以是簡單的。

在一些美洲印第安人社會中，他們在分析夢境時，會將其敘事內容拆解為獨立的元素，然後將這些元素解讀為寓言、反轉、願望，或對過去、現在或未來發生的事情的字面描述。例如，巴西的休普達馬毆族（Hupda Makú）在解夢時，會將夢簡化為「木薯麵包」或「獵槍」等符號，或「飲

9 譯註：由於作者此段的資訊較少，按音譯推測可能是南北朝時代的齊明帝。

10 編註：暫無法確認其中文典籍名稱，或為明清筆記小說一類的編撰作品。

> 酒」或「射殺美洲豹」等動作。接著，他們會以視覺、聽覺或感官的類比，用比喻的方式來詮釋這些元素，作為清醒時現實的反映或反轉。由於木薯麵包外形貌似巨大的犰狳外殼，而獵槍的長槍管又像食蟻獸的長鼻子，所以夢見木薯麵包代表會射殺犰狳；而夢見獵槍則預示著自己會獵殺食蟻獸；至於夢見射中美洲豹（因為美洲豹是薩滿），則表示做夢的人其實是因為巫師的咒語而生病。（Tedlock 1999, 90-91）

如同前面提到的，美洲豹是墨西哥和南美文化中的重要象徵，因此他們的夢和相關詮釋會反映出「薩滿是美洲豹」的信念是很自然的。同時，他們相信薩滿可以飛行，並趁人睡覺時進入夢境傷害他們，這點也毫不奇怪。

如果沒有提及弗洛伊德和榮格，以及他們對夢到貓的解釋，那麼關於夢的討論就不算完整。一篇名為〈十一種貓夢解析〉的文章檢視了他們的論點：「根據佛洛伊德的說法，貓代表性緊張，但榮格認為貓是一種原型，是內在靈感和指導的源泉。貓當然可以與你的性慾聯繫起來，或是暗示你正在考慮或可能即將發生的性冒險。」（Peters, Cheung, and Steber 2019）

佛洛伊德主要專注在性，這就像恐懼一樣，是生命中不可或缺的組成部分。儘管我本身並不同意佛洛伊德關於文化和宗教起源的論述，但恐懼（也許是沒有足夠食物，也許是成為別人的食物等等）

和欲望（性和物種的延續，也就是不朽）確實是人類文化的基礎。在印度教和佛教中，通往解脫（在印度教中，是從死亡和重生的循環中解脫出來，也就是從根本上擺脫痛苦）和涅槃（佛教）的方法是放棄所有的恐懼和欲望。這能消除痛苦，因為從本質上講，你變得一無所有。佛陀意識到，人永遠無法徹底擺脫恐懼和欲望，因為擺脫它們本身就是一種欲望，更重要的是，這並非關乎一個人的全部。因此，我們應該採取中間路線，盡力而為。

儘管如此，我們還是可以在電影《豹人》中看到，生活在原始狀態與失控中的情色主題。佛洛伊德的作品在一九三〇年代到一九五〇年代非常流行，因此，貓被賦予這種象徵意義也就不足為奇了。佛洛伊德很可能是在解讀夢中的貓時，將其與在村莊廣場上遇到的發情母貓聯想在一起，牠尖叫著想要尋找一個伴。

然而，榮格並不認同佛洛伊德這種過度解讀或專注於性的觀點，他認為貓不只是一種原始象徵，更像是一個治療工具，存在於社會領域中。告訴患者，他們夢中的貓等同於性慾或是一種纏繞心頭的念頭，這只是一種分析，並不能幫助患者克服那些原始衝動，而這才是治療的最終目標。榮格的看法似乎超越了原始欲望，更聚焦在將這些能量引導到另一個方向。

從五千年前到現在，描述夢境的文本中都有出現貓的身影，這再次證明了我們與貓之間深厚的關係，可以追溯到數百萬年前。貓在做夢時會抽搐，還會動爪子，這類行為無疑有被神廟的祭司和其他人注意到。而且，儘管貓的馴養已經是人類文化的一部分長達數千年，但貓夢、冥界、神祇和惡魔之間的聯繫，很可能是隨著我們的祖先，例如古埃及人，對貓的行為和特徵日益熟悉而逐漸建立的。獅子是一個熟悉而古老的標誌；牠的力量普遍受到世人頌揚。

然而，量子力學和波函數指出，夢境在支持宇宙的波函數中相互融合。既然如此，也許古埃及人的想法是正確的，特別是關於貓可以與神祇和死者交流，還能來回傳遞訊息這部分，畢竟最終一切都會以波函數的形式出現。就量子物理學來看，我們也可以透過夢與生者接觸，尤其是在夢境交錯的情況下，就像前面提到的梅伊和女巫的例子。畢竟，有部分的我們是以波的形式（物質部分）存在，所有的祕密都存在於其中，而或許最好的獲取方法，就是透過深度冥想、做夢、催眠，或是致幻劑等改變心智的物質。

結論

數百萬年來，我們與貓的關係可說是愛恨交織。起初，我們是牠們的獵物，日復一日，夜復一夜。從演化記憶的角度來看，被吃掉的恐懼深深刻印在我們的基因中，並且成為我們身體和社會發展的一大要素。我們的古代祖先聚集在一起，發展出各種生存技能，主要集中在如何團結以及警告危險迫近的溝通方式。長時間下來，溝通技巧從喊叫演變成我們今日使用的語言。我們今日所認識的語言可能至少在三百萬年前就已發展出來，使人得以用符號的形式來儲存訊息，然後代代相傳，從而累積知識。事實上，很可能是因為發展出語言，人類才有辦法離開非洲，並且在新環境中收集和儲存從經驗中獲取的資訊。

恐懼與適應

掠食者，尤其是貓科動物，是人類演化的驅動力。長時間下來，我們對牠們的存在及獵捕我們親朋好友的行為產生適應。而貓科動物同樣也在適應我們。最終，大約在三百萬年前，透過類比思考，我們開始對牠們產生認同，並製作出類似貓科掠食者牙齒的石器。我們會模仿食腐動物來使用這些工具，得以在水果、漿果、堅果、塊莖等供應短缺時，確保熱量來源無虞。這些工具讓我們對貓和其他掠食者產生了一種更為緊密且正面的認同感——也就是說，我們正在成為牠們。最初，貓是夜間的怪物，但後來反而成了救世主，永遠改變了我們的信仰，可能還有儀式的進行過程。現在，和過去一樣，我們將這些怪物（無論好壞）融入到敘事、神話和家庭中，藉此來強調和頌揚牠們。

我們的古代祖先不僅是牠們世界的參與者，也是觀察者，在這觀察過程中，他們看出貓的靈性，以及我們在自己身上看到或至少是欽佩和嚮往的身體特徵和行為。

在人類適應掠食動物時，貓也同樣在適應我們。牠們觀察我們的行為，包括身體能力和局限，知道如何偷偷靠近，靜觀其變，隱身於周遭環境，並耐心等待飽餐一頓的機會；牠們通常很成功。

人猿直立行走的演化大約在晚中新世的某個時期出現，甚至可能早至八百萬到一千萬年前。直立行走讓我們的古代祖先看起來比實際體型更大，這無疑有助於嚇阻某些掠食者。然而，無論是直立行走還是四足行走，牠們的肉都是貓科動物賴以維生的食物，例如，在南非，一種古老的豹巴氏恐貓（*Dinofelis barlowi*）就經常捕食我們直立行走的南方古猿表親（Brain 1981）。

在距今八十萬年前到五十萬年前的這段期間，人類發展出刺擊和投擲長矛的技術後，尼安德塔人和現代人類搖身一變成了頂級掠食者，儘管偶爾仍會成為其他動物的獵物，但這類獵捕技術顯然扭轉了局面。在此容我補充一點，人類使用棍棒來抵禦地面上的掠食者，這個歷史可能有數百萬年之久，早於用來刺殺或投擲的長矛。我注意到我們家的貓，無論是養在室內還是室外的，當我手裡拿著耙子、掃帚或類似棍子的物體時，牠們都會表現出謹慎的態度。在我們家中，這種謹慎不可能是後天習得的行為，因為我們從未打過貓。因此，這種行為很可能是銘印在牠們的基因裡。一根沉甸甸的棍子和一塊落點準確的石頭，這兩者都可能對貓造成很大的傷害。要準確投擲石塊需要特殊的肩關節，我不確定這種肩關節是什麼時候出現的——很可能是在大約兩百萬年前直立人出現之前。

研究人員認為，貓的馴化至少發生在兩個地區：黎凡特和埃及，因為這些地區最早發展出農業（黎凡特）和畜牧業（黎凡特和埃及）。人類馴化動物需要一個理由，也許是為了動物的肉、毛皮或保護，這些目的顯而易見。然而，貓的特性除了會捕殺老鼠之外，很難找到其他理由來支持人類馴化牠們的合理性。這導致一些人推測，貓其實是自我馴化的。問題是：為什麼？答案可能在於古老的獵物與掠食者之間的關係，以及身為現代人的我們與被貓當作食物的祖先之間的連結。儘管今日的貓科動物，如非洲野貓和叢林貓通常不會以人類為食，但這種深層的表觀遺傳連結還是會促使牠們至少出現在我們四周。這個行為確實為牠們帶來食物，首先可能是在農業環境和牧場中的老鼠，後來則是我們為了將牠們留在身邊而刻意餵食。

民間傳說與神話

民間傳說和神話描繪了貓各式各樣的的形象，從惡魔和騙子到同情人類的古靈精怪。貓的最新形象要屬蝙蝠俠系列的貓女，這個角色同時結合了埃及神祇中狂暴的母獅神塞赫麥特和以貓首人身形象出現的芭絲特。貓已然成為一種原型，但不是榮格所謂的那種銘刻在我們基因中的貓，而是一種與恐懼有關的形象，舉凡對夜晚、傷害和死亡的恐懼。馴化的貓或許會讓人想起數百萬年前的早期時光，當時人類還是牠們的食物來源。當然，我們現在仍然是——只是改變成服務性質，也許是一罐貓罐頭，也許是一袋貓飼料。

現代電影繼續將貓的形象塑造為魔鬼和天使、騙子和媒人，與之前提到的凱爾特人和日本人對貓的想像如出一徹。力量似乎是貓科動物的主要特徵，首先體現在獅子、老虎、豹、美洲豹等大型貓科動物身上，隨後才延伸到家貓。長時間下來，貓成為人類的夥伴，甚至是我們的孩子。對許多人來說，牠們取代了人際互動，特別是對於那些親朋好友多半已經過世的老年人，他們將建立新關係的精力轉移到他們的寵物和電視上。COVID-19爆發時，社交互動大受限制，大眾「狂看」網飛（Netflix）上無廣告的影片，特別是專為電視製作的長期連續劇，此時，《重返犯罪現場》（*NCIS*）、《靈書妙探》（*Castle*）、《魔鬼神探》（*Lucifer*）等劇的演員群，就此成為許多人家庭中的新成員。

「貓」這個字是一個符號，與一般的指標恰恰相反，它可以同時指向多個方向。從某種意義上說，這個符號就像支持有形宇宙的波函數一樣，因為它可以代表許多事物。而且，就像薛丁格的貓一樣，符號是層層疊加的，並且只有在特定的脈絡或情境中才變得「有形」。

對某些人來說，貓是中性的；對其他人來說，牠是善良、友誼或幸運的象徵；而對另一些人來說，貓則是邪惡的化身，是惡魔。無論如何，大多數人都會同意貓象徵著力量——無論是行善還是作惡。對於那些不太有靈性傾向的人來說，貓就是貓。然而，我們很難忽視貓的存在——牠們可能體型龐大、力量強大、冷酷無情，或在你的後廊或沙發上小便；同時，貓也可以是可愛、惹人憐愛的夥伴。如果我們將這些特徵回溯到遙遠的過去，就能找出我們對貓的恐懼，其實就是源於對黑夜裡一切未知的恐懼。若回顧稍微晚近的時代，我們會對這些動物心懷感激之情，因為牠們的存在對我們的生存有所助益，從而懂得欣賞貓的雙重特性。到了更現代的時代，我們已經將力量、保護、陪伴以及可愛等特徵或象徵融入藝術形式中，這將在未來的數千年裡，持續向貓致敬。

Taussig, Michael T. 1987. *Shamanism, Colonialism, and the Wild Man: A Study in Terror and Healing.* Chicago: University of Chicago Press.

Tavernier, Chloé, Sohail Ahmed, Katherine Albro Houpt, and Seong Chan Yeon. 2020. "Feline vocal communication." *Journal of Veterinary Science,* 21, no. 1 (January 4, 2020).

Tedlock, Barbara. 1999. "Sharing and Interpreting Dreams in Amerindian Nations" in *Dream Cultures: Explorations in the Comparative History of Dreaming.* Edited by David Shulman and Guy G. Stroumsa. New York: Oxford University Press.

Tedlock, Dennis, trans. 1996. *Popol Vuh: The Definitive Edition of the Mayan Book of the Dawn of Life and the Glories of Gods and Kings.* New York: Touchstone.

Temple Head and Neck Institute. 2018. "How Does My Voice Work?" Temple Health (website), April 11, 2018.

Thompson, John Eric Sidney. 1960. *Maya Hieroglyphic Writing: An Introduction.* 3rd ed. Norman: University of Oklahoma Press.

Thorwald, Jurgen. 1963. *Science and Secrets of Early Medicine: Egypt, Babylonia, India, China, Mexico, Peru.* New York: Harcourt, Brace & World.

Turner, Dennis, and Patrick Bateson, eds. 2014. *The Domestic Cat: The Biology of Its Behavior,* 3rd ed. New York: Cambridge University Press.

u/Historian. 2018. "Mural from the Tomb of Inherkhau, Depicting Ra in the Form of a Long-Eared Feline Slaying Apophis at the Ished Tree (Tree of Life). A Scene from the Book of the Dead. (Lower quality picture without watermark in comments). Egypt, 20th Dynasty. ~1186 to 1149 BC." Reddit, r/artefactporn, June 4, 2018.

Van Huygen, Meg. 2017. "14 Legends About Cats From Around the World." Mental Floss (website), October 3, 2017.

Vocelle, L. A. 2013. "The History of the Cat in the Middle Ages (Part 5)." The Great Cat: The Cat in History, Art and Literature (website), March 1, 2013.

Voragine, Jacobus de. 1993. *The Golden Legend: Readings on the Saints,* Vol. II. Translated by William Granger Ryan. Princeton, N.J.: Princeton University Press.

Warner, Marina. 2002. *Fantastic Metamorphoses, Other Worlds: Ways of Telling the Self.* New York: Oxford University Press.

West, John Anthony. 1993. *Serpent in the Sky: The High Wisdom of Ancient Egypt.* Wheaton, IL: Quest Books.

Westreich, Sam. 2020. "Do Cats Hold Grudges?" Medium (website), June 29, 2020.

Wilkinson, Richard H. 2003. *The Complete Gods and Goddesses of Ancient Egypt.* London: Thames & Hudson.

———. 2023. *Magic, Myth, and Religion: The Origin of Myth and Ritual Expression*. Amazon.

Santillana, Giorgio de and Hertha von Dechend. 1969. *Hamlet's Mill: An Essay Investigating the Origins of Human Knowledge and Its Transmission Through Myth*. Boston: David R. Godine, Publisher.

Saunders, Nicholas J. 1998. "Architecture of Symbolism" in *Icons of Power: Feline Symbolism in the America*. Edited by Nicholas J. Saunders. London: Routledge.

———. ed. 1998. *Icons of Power: Feline Symbolism in the Americas*. London: Routledge.

Schoch, Robert M. 2012. *Forgotten Civilization: The Role of Solar Outbursts in Our Past and Future*. Rochester, Vt.: Inner Traditions.

Schoch, Robert M., and Robert Bauval. 2017. *Origins of the Sphinx: Celestial Guardian of Pre-Pharaonic Civilization*. Rochester, Vt.: Inner Traditions.

Schwartz, Joshua. 2014. "Are Jews a Dog People or a Cat People?" *Tablet* (website), March 12, 2014.

Serpell, James A. 2014. "Domestication and History of the Cat" in *The Domestic Cat: The Biology of Its Behavior*. 3rd edition. Edited by Dennis C. Turner and Patrick Bateson. New York: Cambridge University Press.

Shojai, Amy. 2021. "Cat Language and Signals Explained." The Spruce Pets: Vet Reviewed and Pet Approved (website), November 10, 2021.

Shubin, Neil. 2020. *Some Assembly Required: Decoding Four Billion Years of Life, from Ancient Fossils to DNA*. New York: Pantheon Books.

Shuker, Karl P. N. 2020. *Mystery Cats of the World Revisited*. San Antonio, Tex.: Anomalist Books.

Shulman, David, and Guy G. Stroumsa, eds. 1999. *Dream Cultures: Explorations in the Comparative History of Dreaming*. New York: Oxford University Press.

Smith, Sherryl E. "American Occult Tarot 1910–1960." Tarot Heritage: All About Tarot History and Historic Decks (website).

Strassberg, Richard E., ed. and trans. 2002. *A Chinese Bestiary: Strange Creatures from the Guideways through Mountains and Seas*. Berkeley: University of California Press.

Sun, Jiankun. 2021. *Fantastic Creatures of the Mountains and Seas*. Translated by Howard Goldblatt. New York: Arcade Publishing.

Sweatman, Martin. 2019. *Prehistory Decoded: A Science Odyssey Unifying Astronomy, Geochemistry and Archaeology*. Kibworth Beauchamp, UK: Troubador Publishing.

Szpakowska, Kasia. 2003. *Behind Closed Eyes: Dreams and Nightmares in Ancient Egypt*. Swansea, Wales: The Classical Press of Wales.

Pei, Fang Jing, and Juwen Zhang. 2000. *The Interpretation of Dreams in Chinese Culture.* Trumbull, Conn.: Weatherhill.

Perlmutter, Dawn. 2004. *Investigating Religious Terrorism and Ritualistic Crimes.* New York: CRC Press.

Peters, Lucia, Theresa Cheung, and Carolyn Steber. 2019. "11 Different Cat Dreams, Decoded." Bustle (website), May 23, 2019.

Prigogine, Ilya, Gregoire Nicolis, and Agnes Babloyantz. 1972. "Thermodynamics of Evolution." *Physics Today* 25, no. 11 (1972): 23–31.

Rappenglueck, Michael. 2009. "Palaeolithic Shamanistic Cosmography: How Is the Famous Rock Picture in the Shaft of the Lascaux Grotto To Be Decoded?" Art Prehistorica (website), December 2009.

Reeves, Carole. 1992. *Egyptian Medicine.* Princes Risborough, UK: Shire Publications Ltd.

Robertson, Merle Greene. 1985. *The Sculpture of Palenque: Volume II, The Early Building of the Palace.* Princeton: Princeton University Press.

Ruck, Carl A. P., Blaise Daniel Staples, José Alfredo González Celdrán, and Mark Alwin Hoffman. 2007. *The Hidden World: Survival of Pagan Shamanic Themes in European Fairytales.* Durham, N.C.: Carolina Academic Press.

Rush, John A. 1974. *Witchcraft and Sorcery: An Anthropological Perspective of the Occult.* Springfield, Ill.: Charles. C. Thomas.

———. 1996. *Clinical Anthropology: An Application of Anthropological Concepts within Clinical Settings.* Westport, Conn.: Praeger.

———. 2007. *The Twelve Gates: A Spiritual Passage through the Egyptian Books of the Dead.* Berkeley, Calif.: North Atlantic Books.

———. 2011. *The Mushroom in Christian Art: The Identity of Jesus in the Development of Christianity.* Berkeley, Calif.: North Atlantic Books.

———. ed. 2013. *Entheogens and the Development of Culture: The Anthropology and Neurobiology of Ecstatic Experience.* Berkeley, Calif.: North Atlantic Books.

———. 2020. *What Darwin and Dawkins Didn't Know: Epigenetics, Symbiosis, Hybridization, Quantum Biology, Topobiology, the Sugar Code, and the Origin of Species.* Amazon.

———. 2021a. *Cat Tales: Origins, Interactions, and Domestication of* Felis catus. Amazon.

———. 2021b. *Endocellular Selection: Evolution without Darwin.* Amazon.

———. 2022. *Jesus, Mushrooms, and the Origin of Christianity.* 2nd ed. Amazon.

Mellaart, James. 1965. *Earliest Civilizations of the Near East*. London: Thames & Hudson.

Milbrath, Susan. 1997. "Decapitated Lunar Goddesses in Aztec Art, Myth, and Ritual." *Ancient Mesoamerica* 8, no. 2 (Fall 1997):185–206.

———. 1995. "Eclipse Imagery in Mexica Sculpture of Central Mexico." *Vistas of Astronomy* 39, no. 4 (1995): 479–502.

———. 1999. *Star Gods of the Maya: Astronomy in Art, Folklore, and Calendars*. Austin: University of Texas Press.

Miller, Mary Ellen, and Karl Taube. 1993. *An Illustrated Dictionary of the Gods and Symbols of Ancient Mexico and the Maya*. London: Thames & Hudson.

Moorhead, Paul S., and Martin M. Kaplan, eds. 1967. *Mathematical Challenges to the Neo-Darwinian Interpretation of Evolution*. Philadelphia: Wister Institute of Anatomy and Biology.

Motor Car. 2023. "Swallow Sidecar Company History." Motor Car (website).

Mowat, Farley. 1963. *Never Cry Wolf.* Toronto: McClelland and Stewart.

Mullarkey, Seamus. 2021. *The Cats of America: How Cool Cats and Bad-Ass Kitties Won the Nation's Heart*. Plaines Scribes Press, Amazon.

Nagelschneider, Mieshelle. 2013. *The Cat Whisperer*. New York: Bantam Books.

Nájera Coronado, Martha Ilia. 1995. "El temor a los eclipses entre comunidades mayas contemporaneas" in *Religion y Sociedad en el area maya*. Edited by Carmen Varela Torrecilla, Juan Luis Bonor Villarejo, and Yolanda Fernández Marquínez, bub. 3. Madrid, Spain: Sociedad Española de Estudios Mayas, Instituto de Cooperación Iberoamericana, 1995, 319–27.

Nastyuk, Elena. 2019. "Cat Symbolism in Art." Arthive (website), January 1, 2019.

National Center for Families Learning. "Why Do Cats Stretch So Much?" Wonderopolis: Where the Wonders of Learning Never Cease (website).

Nishimoto, Keisuke. 2021. *Strange Tales from Japan: 99 Chilling Stories of Yōkai, Ghosts, Demons and the Supernatural*. Translated by William Scott Wilson. Tokyo: Tuttle Publishing.

Ortiz, Ernesto. 2015. *The Akashic Records: Sacred Exploration of Your Soul's Journey Within the Wisdom of the Collective Consciousness*. Newburyport, Mass.: New Page Books.

Ovid. 2016. *Metamorphoses*. CreateSpace Independent Publishing Platform.

Page, Jake. 2008. *Do Cats Hear with Their Feet?* New York: HarperCollins.

Paoletta, Rae. 2018. "Why Cats Knead, According to Science." Inverse (website), March 3, 2018.

Jiang, X., and W. Chen. 2021. *Chinese Astrology and Astronomy: An Outside History*. Singapore: World Scientific Publishing Company.

Juergensmeyer, Mark. 2003. *Terror in the Mind of God: The Global Rise of Religious Violence*. Berkeley: University of California Press.

Kennedy, Kostya, ed. 2019. *Cats: Companions in Life*. New York: Life Magazine.

Knappert, Jan, and Elizabeth Knappert. 1992. *Pacific Mythology: An Encyclopedia of Myth and Legend*. London: Diamond Books.

Krans, Kim. 2018. *The Wild Unknown Animal Spirit Guidebook*. Box Cards/H edition. NY: HarperOne.

Krauss, Lawrence M. 2013. *A Universe from Nothing: Why There Is Something Rather Than Nothing*. New York: Atria Books.

Kurten, Björn. 1976. *The Cave Bear Story*. New York: Columbia University Press.

La Fontaine, Jean de. (1683) 1983. "The Cat and the Fox" in *A Hundred Fables of La Fontaine*, 1683. Edited by Percy J. Billinghurst. Reprint, Nashville, Tenn.: Greenwich House, 138.

Lanza, Robert, Matej Pavšič, and Bob Berman. 2020. *The Grand Biocentric Design: How Life Creates Reality*. Dallas, Tex.: BenBella Books.

Lieff, Jon. 2020. *The Secret Language of Cells: What Biological Conversations Tell Us About the Brain-Body Connection, the Future of Medicine, and Life Itself*. Dallas, Tex.: BenBella Books.

Life's Abundance, "World's Creepiest Cat Legends." Life's Abundance (website), October 19, 2018.

MacKillop, James. 1998. *Dictionary of Celtic Mythology*. New York: Oxford University Press.

Magli, Guido. 2009. *Mysteries and Discoveries of Archaeoastronomy: From Giza to Easter Island*. New York: Copernicus Books.

Manniche, Lise. 1999. *Sacred Luxuries: Fragrance, Aromatherapy and Cosmetics in Ancient Egypt*. Ithaca, New York: Cornell University Press.

Marchlewicz, E., Anderson, O., and Dolinoy, D. 2020. "Early-Life Exposures and the Epigenome: Interactions between Nutrients and the Environment." *Nutrition and Epigenetics*. Edited by E. Ho and F. Domann. NY: CRC Press.

Marshack, Alexander. 1991. *The Roots of Civilization: The Cognitive Beginnings of Man's First Art, Symbol and Notation*. New York: Moyer Bell Limited.

McIntosh, Matthew A. 2020. "Hieronymous: Saint Jerome and the Lion." Brewminate: A Bold Blend of News & Ideas (website), November 1, 2020.

McNamee, Thomas. 2017. *The Inner Life of Cats: The Science and Secrets of Our Mysterious Feline Companions*. New York: Hachette Books.

———. 2002. *Egyptian Rhythm: The Heavenly Melodies.* Greensboro, N.C.: Tehuti Research Foundation.

Gardiner, Alah H., ed. 1935. *Hieratic Papyri in the British Museum, Third Series: Chester Beatty Gift,* Vol I, Text. London, UK: British Museum.

Geggel, Laura. 2018. "Ötzi the Iceman Was a Heart Attack Waiting to Happen." Live Science (website), May 30, 2018.

Germond, Philippe, and Jacques Livet. 2001. *An Egyptian Bestiary: Animals in Life and Religion in the Land of the Pharaohs.* London: Thames & Hudson.

Griffith, F., and H. Thompson. 1974. *The Leyden Papyrus: An Egyptian Magical Book.* NY: Dover Publications.

Grossinger, Richard. 2002. *Dreamtime and Thoughtforms.* Rochester, Vt.: Inner Traditions.

Gunnerson, James H. 1998. "Mountain Lions and Pueblo Shrines in the American Southwest" in *Icons of Power: Feline Symbolism in the Americas.* Edited by Nicholas J. Saunders. London: Routledge.

Gurdjieff, G. I. 1973. *Beelzebub's Tales to His Grandson.* New York: E. P. Dutton & Co.

Hamell, George R. 1998. "Long Tail: The Panther in Huron-Wyandot and Seneca Myth, Ritual, and Material Culture" in *Icons of Power: Feline Symbolism in the Americas.* Edited by Nicholas J. Saunders. London: Routledge.

Heffner, Rickye S., and Henry E. Heffner. 1985. "Hearing range of the Domestic Cat." *Hearing Research* 19, no. 1 (1985): 85–89.

Herodotus. 2017. *The Histories: Volumes I and II Complete.* Translated by G. C. Macaulay. CreateSpace Independent Publishing Platform.

Hitchens, Christopher, Richard Dawkins, Sam Harris, S., and Daniel Dennett. 2019. *The Four Horsemen: The Conversation that Sparked an Atheist Revolution.* New York: Random House.

Hodder, Ian. 2006. *The Leopard's Tale: Revealing the Mysteries at Çatalhöyük.* London: Thames & Hudson.

Hoffman, Donald. 2019. *The Case against Reality: Why Evolution Hid the Truth from Our Eyes.* New York: W. W. Norton & Company.

Humane Society of the United States. "The Cat's Meow." The Humane Society of the United States (website).

Ikram, Salima, ed. 2015. *Divine Creatures: Animal Mummies in Ancient Egypt.* Cairo: The American University in Cairo Press.

Jewish Virtual Library, quoting Encyclopedia Judaica/The Gale Group. 2008. "Lilith." The Jewish Virtual Library: A Project of AICE (website).

Dawkins, Richard. 2019. *Outgrowing God: A Beginner's Guide*. New York: Random House.

Department of Ancient Near Eastern Art, The Metropolitan Museum of Art. 2014. "Animals in Ancient Near Eastern Art." Metropolitan Museum of Art (website), February 2014.

Donnelly, Ignatius. 1883 (2007). *Ragnarok: The Age of Fire and Gravel*. Reprint, n.p.: The Echo Library.

Dowie, Mark. 1977. "Pinto Madness." *Mother Jones* (September/October), 1977.

Driscoll, Carlos A., Marilyn Menotti-Raymond, Alfred L. Roca, A., Karsten Hupe, Warren E. Johnson, Eli Geffen, and Eric H. Harley, et al. 2007. "The Near Eastern Origin of the Cat Domestication." *Science* 317, no. 5837. (July 27, 2007): 519–23.

Driscoll, Carlos A., Juliet Clutton-Brock, Andrew C. Kitchener, and Stephen J. O'Brien. 2009. "The Evolution of House Cats." *Scientific American* 300, no. 6. (June 1, 2009). Scientific American (website).

Dunwich, Gerina. 2000. *Your Magickal Cat: Feline Magick, Lore, and Worship*. New York: Citadel Press.

Editors of Encyclopedia Britannica. "Tammuz: Mesopotamian God." Britannica (website).

———. "Nagual: Mesoamerican Religion." Britannica (website).

Evans-Pritchard, E. E. 1940. *The Nuer: A Description of the Modes of Livelihood and Political Institutions of a Nilotic People*. New York: Oxford University Press.

Firestone, Reuven. 1999. *Jihad: The Origin of Holy War in Islam*. New York: Oxford University Press.

Forbes, Alexander Robert. (1905) 2018. *Gaelic Names: or Beasts (Mammalia), Birds, Fishes, Insects, Reptiles, etc*. Reprint, CreateSpace Independent Publishing Platform.

Foster, Michael Dylan. 2015. *The Book of Yōkai: Mysterious Creatures of Japanese Folklore*. Oakland: University of California Press.

Freidel, David, Linda Schele, and Joy Parker. 1995. *Maya Cosmos: Three Thousand Years of the Shaman Path*. New York: Quill Publications.

Frigiola, Heather. 2019. *Monsters and Mythical Creatures from Around the World*. Atglen, Pa.: Schiffer Publishing.

Gadalla, Moustafa. 2018. *Egyptian Cosmology: The Animated Universe*. Greensboro, N.C.: Tehuti Research Foundation.

Black, Jeremy A., and Anthony Green. 2014. *Gods, Demons and Symbols of Ancient Mesopotamia: An Illustrated Dictionary*. Austin: University of Texas Press.

Braakhuis, H. E. M. 1987. "Sun's Voyage to the City of the Vultures: A Classic Mayan Funerary Theme." *Zeitschrift für Ethnologie* 112, no. 2 (1987): 237–59.

Bradshaw, John W. S., Rachel A. Casey, and Sarah L. Brown. 2012. *The Behaviour of the Domestic Cat*. 2nd ed. Wallingford, UK: CABI.

Brain, C. K. 1981. *The Hunters or the Hunted? An Introduction to African Cave Taphonomy*. Chicago: University of Chicago Press.

Bryan, Cyril P., trans. (1930) 2021. *The Papyrus Ebers: Ancient Egyptian Medicine*. Reprint, Eastford, Conn.: Martino Fine Books.

California Academy of Sciences. 2010. Dikika Research Project. "Scientists Discover Oldest Evidence of Stone Tool Use and Meat-Eating Among Human Ancestors." California Academy of Sciences, August 11, 2010.

Campbell, Joseph. 1991. *The Masks of God: Occidental Mythology*. New York: Arkana/Penguin Group.

Carroll, Lewis. (1865) 1993. *Alice's Adventures in Wonderland*. Reprint, New York: Dover Publications.

Collins, Andrew. 2018. *The Cygnus Key: The Denisovan Legacy, Göbekli Tepe, and the Birth of Egypt*. Rochester, Vt.: Bear & Company.

Cook, Jill. 2017. "Ahead of the exhibition Living with gods, Jill Cook takes a closer look at one of the exhibition's key loans—the Lion Man, an incredible survival from the last Ice Age." *The British Museum*. The British Museum blog (website), October 10, 2017.

Conway, D. J. 2021. *The Mysterious Magical Cat: Mythology, Folklore, Spirits & Spells*. Woodberry, Minn.: Llewellyn Publications.

Cordy-Collins, Alana. 1998. "The Jaguar of the Backward Glance" in *Icons of Power: Feline Symbolism in the Americas*. Edited by Nicholas J. Saunders, London: Routledge.

Cornell University College of Veterinary Medicine. "A Hairy Dilemma." Cornell University College of Veterinary Medicine (website).

Creighton, Scott. 2017. *The Great Pyramid Hoax: The Conspiracy to Conceal the True History of Ancient Egypt*. Rochester, Vt.: Bear & Company.

Davies, Paul. 1983. *God and the New Physics*. New York: Simon & Schuster.

———. 2008. *The Goldilocks Enigma: Why Is the Universe Just Right for Life?* New York: Mariner Books.

Davisson, Zack. 2021. *Kaibyō: The Supernatural Cats of Japan*. 2nd ed. Portland, Ore.: Mercuria Press.

參考文獻

Aesop. 1912. *Aesop's Fables*. New York: Avenel Books, originally published mid-sixth century BCE.

Allen, James P. 2005. *The Art of Medicine in Ancient Egypt*. New Haven: Yale University Press.

Badke, David. 2004. "Commentary, Saint Epiphanius on the Physiologus, Version 4." From *Sancti Epiphani Ad Physiologum*, University of Victoria Special Collections, McPherson Library (website), September 1, 2004.

Báez-Jorge, Félix. 1988. *Los oficios de las diosas*. Xalapa: Universidad Veracruzana.

Bauval, Robert, and Thomas G. Brophy. 2011. *Black Genesis: The Prehistoric Origins of Ancient Egypt*. Rochester, Vt.: Bear & Company.

Bauval, Robert, and Adrian Gilbert. 1994. *The Orion Mystery: Unlocking the Secrets of the Pyramids*. New York: Three Rivers Press.

Bauval, Robert, and Ahmed Osman. 2012. *Breaking the Mirror of Heaven: The Conspiracy to Suppress the Voice of Ancient Egypt*. Rochester, Vt.: Bear & Company.

Behe, Michael J. 1996. *Darwin's Black Box: The Biochemical Challenge to Evolution*. New York: Free Press.

———. 2007. *The Edge of Evolution*. New York: Free Press.

Benson, Elizabeth P. 1998. "The Lord, the Ruler" in *Icons of Power: Feline Symbolism in the Americas*. Edited by Nicholas J. Saunders. London: Routledge.

Bernstein, A. 1993. *The Formation of Hell: Death and Retribution in the Ancient and Early Christian Worlds*. Ithaca, N.Y.: Cornell University Press.

貓，與貓奴

從神話、歷史、科學及大眾文化，重新認識我們的靈性夥伴

Cats: Keepers of the Spirit World

作　　者　約翰・拉許（John A. Rush）
譯　　者　王惟芬
封面設計　Dinner illustration
內頁排版　藍天圖物宣字社
責任編輯　王辰元

發 行 人　蘇拾平
總 編 輯　蘇拾平
副總編輯　王辰元
資深主編　夏于翔
主　　編　李明瑾
行銷企劃　廖倚萱
業務發行　王綬晨、邱紹溢、劉文雅

出　　版　日出出版
　　　　　地址：新北市 231 新店區北新路三段 207-3 號 5 樓
　　　　　電話（02）8913-1005　傳真：（02）8913-1056
發　　行　大雁出版基地
　　　　　地址：新北市 231 新店區北新路三段 207-3 號 5 樓
　　　　　24 小時傳真服務（02）8913-1056
　　　　　Email：andbooks@andbooks.com.tw
　　　　　劃撥帳號：19983379　戶名：大雁文化事業股份有限公司

初版一刷　2025 年 8 月
定　　價　520 元
版權所有・翻印必究
ISBN 978-626-7714-33-1
ISBN 978-626-7714-36-2（EPUB）

Printed in Taiwan・All Rights Reserved
本書如遇缺頁、購買時即破損等瑕疵，請寄回本社更換

國家圖書館出版品預行編目(CIP)資料

貓，與貓奴：從神話、歷史、科學及大眾文化，重新認識我們的靈性夥伴 / 約翰・拉許（John A. Rush）著；王惟芬譯 .-- 初版 .-- 新北市：日出出版：大雁出版基地發行 , 2025.08
　面；　分
譯自：Cats: Keepers of the Spirit World
ISBN 978-626-7714-33-1（平裝）

1. 貓　2. 神話　3. 動物崇拜　4. 文化史

215.27　　　114010077

CATS: KEEPERS OF THE SPIRIT WORLD by JOHN A. RUSH
Copyright: © 2023 by John A. Rush
This edition arranged with INNER TRADITIONS, BEAR & CO.
through BIG APPLE AGENCY, INC. LABUAN, MALAYSIA.
Traditional Chinese edition copyright:
2025 Sunrise Press, a division of AND Publishing Ltd.
All rights reserved.